y2 62911

Paris
1834

RICHTER, JEAN PAUL

Titan

Tome 1

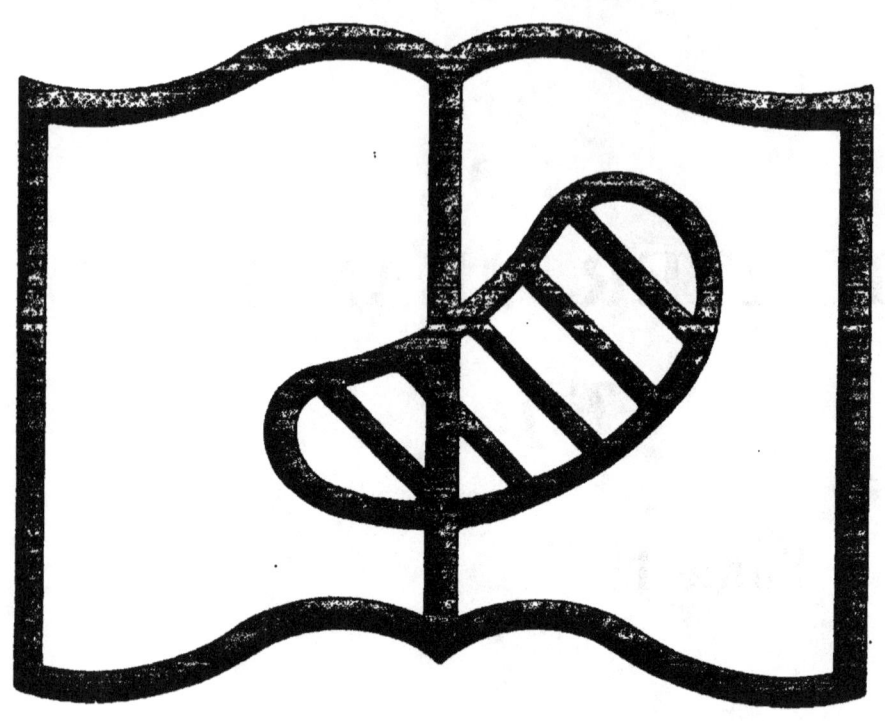

**Symbole applicable
pour tout, ou partie
des documents microfilmés**

Original illisible

NF Z 43-120-10

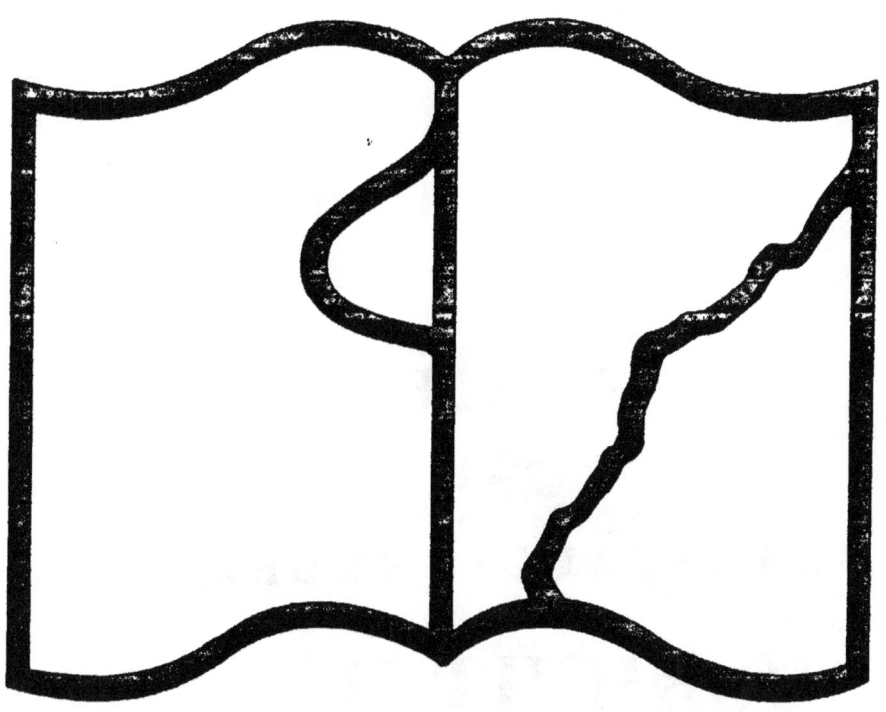

**Symbole applicable
pour tout, ou partie
des documents microfilmés**

Texte détérioré — reliure défectueuse

NF Z 43-120-11

ŒUVRES
DE
JEAN-PAUL-FRÉDÉRIC
RICHTER.

Vol. I.

PARIS. — IMPRIMERIE D'ÉVERAT
Rue du Cadran, n° 16.

ŒUVRES
DE
JEAN-PAUL
FRÉDÉRIC RICHTER,

Traduites de l'allemand,

Par Philarète Chasles.

TITAN.

TOME PREMIER.

A LA LIBRAIRIE D'ABEL LEDOUX,
95, Richelieu.

PARIS. — M DCCC XXXIV.

Vous qui ne vous contentez pas de vivre; vous qui pensez; vous qui aimez;

Vous autour desquels les flots confus de la société ne bouillonnent pas avec un vain bruit;

Vous qui demandez le sens et le but de cette civilisation qui vous environne; — à quoi elle aboutira; — comment se résoudra son problème; — quel avenir de naufrage, ou de suicide, ou de glorification lui est réservé;

Vous lirez ce livre avec un intérêt puissant : c'est un poème, un roman ; un résumé psycologique, une satire, une élégie, un drame, une fantaisie, qui ont pour thème et pour texte, — l'énigme de la civilisation au xvIII^e siècle.

Comment doit finir cette civilisation qui exagère la puissance intellectuelle et la puissance industrielle aux dépens de la vie de l'ame; — toute factice, —toute théâtrale ; — s'enivrant de jouissances; — altérée de savoir; — se brûlant de plaisirs ; — cherchant partout des voluptés nouvelles;—creusant tous les mystères de la nature, —

sans pouvoir pénétrer les causes premières, les secrets de Dieu;

Quel sera le sort de ces générations supersaturées de romans, de drames, de journaux, de science, d'ambition, d'aspirations véhémentes vers l'impossible et l'inconnu?...

En augmentant la somme de ses désirs, augmentera-t-elle la somme de son bonheur? Ne va-t-elle pas accroître démesurément sa capacité de souffrance?

Ne sera-ce pas là le géant qui escalade le ciel;

Et qui meurt écrasé?

Titan!

Voilà ce que Jean-Paul-Frédéric

Richter s'est demandé. Il n'avait pas vu ce que nous avons vu. Il écrivait en 1797; il vivait dans une petite ville allemande.

La plupart des lecteurs de ce roman ont été fort embarrassés de deviner la signification du titre qu'il porte. On est tenté de supposer que le nom de Titan s'applique au héros de l'ouvrage, à Albano, et l'on s'évertue à chercher quel rapprochement il peut y avoir entre ce jeune homme si pur, si naïf, si romantique, et le farouche adversaire de l'Olympe. Nous croyons devoir éviter aux lecteurs cette contention d'esprit, et lever le voile que, sans dessein, Jean-Paul a jeté sur cette partie de son magnifique tableau. Ce n'est point Albano de Césara que l'auteur a en vue, mais son antipode, le capitaine Roquairol, cet être romanesque, avide de jouissances, insatiable en fait de plaisirs, ce Byron anticipé, cet escaladeur du ciel, qui, après avoir élevé montagne sur montagne pour atteindre son but, finit par se trouver enseveli sous leurs décombres.

Aussi Jean-Paul écrivait-il à Jacobi qu'il avait eu l'intention de donner à son roman le nom d'*Anti-Titan*. Mais le philosophe n'était pas homme à se contenter d'un sujet négatif, et à rendre plus profonde la blessure qu'il faisait au cœur humain, sans chercher en même temps à la guérir. Déjà, pendant qu'il travaillait à *Hespérus*, il avait formé la résolution de placer un homme pur, grand et noble à côté de l'homme déchu, et de les entourer tous deux d'une foule d'êtres qui leur fussent corrélatifs. Il voulait concentrer dans un seul ouvrage toutes les idées de haute philosophie qu'il avait disséminées dans ses autres créations, et les montrer, suivies de leurs conséquences naturelles. Une tête aussi forte ne pouvait s'arrêter là : il résolut de montrer le ridicule de l'exagération soit dans le bien, soit dans le mal, dans la vertu comme dans le vice.

De là ces reproductions des mêmes types, ces satellites qui gravitent autour de leurs planètes respectives, ces parodies enfin des principaux acteurs de son drame.

A côté de la froideur et des vastes plans du comte Gaspard de Césara, nous avons les intrigues non moins dangereuses, quoique sur une échelle moins élevée, du ministre de Froulay; à côté de l'oncle ventriloque, le menteur Roquairol; la princesse Isabelle est opposée à Linda de Romeiro; l'aérienne Liane, à son Sosie physique, la princesse Idoine [1]; la vulgarité comique du docteur Sphex contraste avec la bouffonnerie plus élevée de Schoppe; et si nous avons Bouverot, nous avons aussi Dian, ce Grec si élégant et si noble, mélange heureux de l'antique et du moderne, cet artiste si sensible et si vrai.

Jean-Paul commença son ouvrage à Weimar : il ne le continua pas d'un seul jet : et l'on s'aperçoit à la lecture que son plan n'était point arrêté,

---

[1] Voir le 3ᵉ volume.

que la marche de son intrigue était subordonnée aux exigences des idées qu'il voulait développer, et que, s'il savait parfaitement où il voulait aller, il ignorait encore quel chemin il suivrait. Il y eut encore un autre malheur. L'ouvrage ne parut point à la fois *in toto* les volumes ne se succédèrent qu'après un intervalle d'une année; faute grave dont devaient également souffrir les lecteurs et l'auteur lui-même; ceux-là parce qu'il était impossible de prendre aux fragmens d'une publication si importante tout l'intérêt qu'elle aurait excité en ne paraissant qu'entièrement achevée; celui-ci parce que, créant au jour le jour, s'inquiétant peu si, dramatiquement parlant (car philosophiquement il était sûr de son fait), les pages qu'il traçait aujourd'hui s'harmonisaient avec celles du lendemain; il dut y avoir là une certaine incohérence d'action, un certain défaut d'ensemble que toutes les corrections subies par les éditions postérieures ne purent faire entièrement disparaître. On s'aperçoit spécialement de ce défaut dans le premier volume, qui forme à peu près les trois quarts du nôtre : Jean-Paul avait, lorsqu'il l'écrivit, l'intention de rendre l'ouvrage beaucoup plus comique qu'il ne le devint plus tard; en outre, il se proposait de *digresser* (qu'on nous pardonne ce néologisme germanique) infiniment plus qu'il ne le fit dans la suite. De là ces longueurs et cette minutie de détails du premier volume, longueurs qu'on trouve déjà moins dans le second et dans le troisième et qui s'effacent dans le quatrième et dans le cinquième.

La raison en est simple : une fois arrivé au quatrième volume, son but était devant lui, il savait de quelle manière, et par quel chemin il l'atteindrait; le drame palpitant de l'ouvrage le dominait lui-même. Pouvait-il s'arracher aux tourbillons de son intrigue si neuve et si puissante, pour causer avec ses lecteurs comme dans les premières Périodes du Jubilé? Si son premier volume abonde plus que les autres en aperçus philosophiques, en tableaux comiques, en sentences morales, il manque aussi de toute la force dramatique, de toute unité d'intrigue; qualités qui distinguent les tomes suivans.

Ce qui est un défaut sous le point de vue de l'art, n'en est pas un toujours aux yeux des lecteurs : ceux-ci ne demandent aux auteurs que du neuf, de l'amusant ou du dramatique; peu leur importe la route que l'on suit pour leur plaire, et certes ils n'ont pas tort. Ils ne s'informent guère quels moyens ont été employés pour produire les effets qui les charment; ils aiment mieux un ouvrage qui les attache en s'écartant des règles, qu'un ouvrage qui les ennuie en les suivant à la lettre. Pour Jean-Paul, il n'y a de règle que le dédain de la règle.

Jean-Paul n'avait pour conseiller qu'Otto, son ami, homme médiocre, qui, dans aucune autre circonstance, ne donna des preuves aussi évidentes de son incapacité critique. Accoutumé à n'être que l'écho de son ami, ses observations ne sont qu'une louangeuse paraphrase; on dirait une adresse des chambres en réponse à un discours de la couronne. On a conservé toutes les lettres d'*Otto*. Si, par impossible, il lui arrive de faire une observation sur quelque passage, il se hâte de changer d'avis et de se ranger à l'opinion de l'auteur, pour peu que celui-ci persiste dans sa manière de voir; puis, si un homme influent comme Jacobi se trouve d'accord avec la critique qu'Otto avait faite et abjurée, Otto revient à son premier avis. Ce n'est là ni un véritable ami, ni un véritable critique; et nous ne doutons pas que, si Schiller ou Gœthe eût été substitué à Otto, le roman de *Titan*, tout merveilleux qu'il est, n'eût gagné en lucidité et en bon goût ce qu'il aurait perdu en longueurs et en trivialités.

Si Jean-Paul trouva des juges sévères et quelquefois injustes parmi ses contemporains, il eut pour le dédommager les applaudissemens de la foule et surtout ceux des femmes. Chose assez étonnante lorsqu'on pense au style scientifique dont il se sert souvent, aux emprunts qu'il fait aux langues grecque, hébraïque et latine, aux néologismes fréquens qui sortent de sa plume; bizarreries qui rendent si difficile la lecture de ses ouvrages, et qui auraient dû déplaire spécialement aux femmes, qu'une vocation toute spéciale éloigne des études graves et des sentiers froids et tortueux de la métaphysique. Il n'en fut pourtant pas ainsi : soit que l'esprit pénétrant des femmes ait percé par intuition les mystiques ténèbres dont s'enveloppe Jean-Paul ; soit que sa manière de sentir et de peindre l'amour et l'amitié ait trouvé en elles une vive sympathie; soit que les larmes que, selon nous, il tire trop souvent des yeux de Liane et d'Albano, aient excité les leurs; soit enfin que le *beau* soit *beau* pour un sexe comme pour l'autre; de tous ses contemporains, l'auteur de *Titan* est peut-être celui qui a eu le plus de succès auprès des femmes. Nous l'en félicitons, et nous espérons que les Françaises auront pour lui les yeux des Allemandes.

Quelques personnes seront frappées par la bizarrerie de la cécité passagère et répétée de Liane: elles imagineront que ce n'est qu'un ressort inventé par l'auteur pour produire des effets de scène. Erreur; Jean-Paul n'a jamais introduit dans ses romans ces espèces de miracles sans s'être assuré d'abord s'ils étaient possibles. Sa fiancée Charlotte von Kalb était atteinte parfois d'une cécité momentanée et complète, d'autres fois, d'une quasi-cécité qui lui permettait bien de voir assez pour se conduire, mais non pour distinguer les personnes qui s'approchaient d'elle. Voilà les données sur lesquelles s'est appuyé Jean-Paul pour rendre momentanément Liane aveugle tout-à-fait, et Linda presque aveugle. Jean-Paul cherchait partout le bizarre; et de telles anomalies ne pouvaient échapper à son pinceau.

On peut blâmer encore la ressemblance physique entre Liane et la princesse Idoine, et la similitude du son de voix d'Albano et de Roquairol. Certes, dans un ouvrage ordinaire, personne ne s'aviserait de trouver quelque chose de reprochable dans ces ressemblances dont on est tous les jours témoin; mais pour une œuvre hors ligne comme *Titan*, plus d'un critique méticuleux pourrait s'attacher à de tels détails. Les faits qui ont servi de base à Jean-Paul ont existé dans sa famille.

Peut-être trouvera-t-on aussi trop romanesque la circonstance du cabinet de tableaux indiqué par don Gaspard, dans l'Isola-Bella. Nous ne ferons à cet égard qu'une seule observation qui s'appliquera également à plusieurs autres combinaisons tout aussi surprenantes : tout s'explique à la fin de l'ouvrage d'une manière simple et naturelle : Jean-Paul fait beaucoup de nœuds à son intrigue, mais il n'en laisse aucun sans le dénouer.

———

Ce fut dans les plus longs jours de l'année 1797 que Jean-Paul, qui avait déjà publié des chefs-d'œuvre, se crut assez fort pour commencer l'ouvrage qu'il regardait comme la base la plus solide de sa gloire, ce *Titan*, monument colossal pour lequel, au milieu même de ses autres travaux, il recueillait incessamment des matériaux. Dès ses premières années de poète il avait rêvé une *Titanide*, c'est-à-dire une femme au cœur noble, aux sentimens élevés, supérieure à son sexe, plus tendre, mais moins fort que le nôtre; création qui, toute poétique, devait cependant ne point sortir du cercle des possibilités; c'était là l'héroïne que Jean-Paul voulait pour *Titan*. D'abord il crut l'avoir trouvée dans Charlotte de Kalb, femme d'un président, qui s'éprit d'un violent amour pour Jean-Paul; cet amour fut partagé, et peut-être aucun autre modèle n'eût-il jamais posé pour sa Titanide, si, contente d'une passion tout éthérée, tout angélique, elle n'avait pas cherché quelquefois à descendre des hauteurs qu'elle habitait avec son amant, et à provoquer des sensations un peu moins intellectuelles. Ce souffle hystérique ternit sa pureté aux yeux de Richter, et il se remit en quête d'une autre Titanide aux idées moins matérielles; car l'innocence de son ame et son mépris des exigences des sens étaient tels, qu'il était, comme *Newton*, pur à trente-huit ans.

Une madame Krudener remplaça

Charlotte devant le chevalet de Jean-Paul; mais cette liaison fut de courte durée. Une troisième apparition fit évanouir jusqu'au souvenir des deux précédentes, et, cette fois, il décida qu'Émélie de Berlepsch deviendrait sa Titanide. C'est sous son inspiration que le portrait de Liane a été esquissé.

———

Les divers commencemens de Titan qu'on a soigneusement conservés, sont bien loin de ressembler à celui que Jean-Paul leur substitua, le seul qui ait vu le jour. Les premiers chapitres étaient écrits, en dépit de l'auteur lui-même, dans le genre de Fixlein et de Siebenkæs; les efforts qu'il faisait pour sortir de cette mauvaise voie donnaient à son style un air maniéré et prétentieux qui aurait fini par rendre l'ouvrage insupportable. Heureusement pour nous il sortit de cette manière pour n'y jamais retomber.

La mort de sa mère rompit le dernier fil qui retenait Richter à la cour. Déjà depuis quelques années son ame inquiète n'y trouvait plus le bonheur qu'elle avait cru y rencontrer; tantôt il voulait s'élancer dans ce monde où tant de choses nouvelles l'attendaient, tantôt il se décidait à rester sur le coin de terre où il était né, auquel il lui semblait que tenaient toutes les fibres de son être. D'un côté, désirant donner à son *Titan* un splendide berceau, il pensait que nulle part il n'en trouverait un qui valût sa patrie; de l'autre, plus d'une considération s'opposait à ce qu'il y fixât son séjour d'une manière assez durable pour y achever

Titan; de là ses divers et inutiles efforts pour commencer convenablement l'ouvrage qui devait mettre le sceau à sa réputation. Il n'écrivait qu'avec la moitié de son ame. Enfin il se décida à partir pour Leipsick, où Émélie devait le rejoindre; et le 29 octobre 1797, il quitta (pour toujours, pensait-il,) la cour et les lieux où s'était écoulée sa jeunesse.

En choisissant Leipsick pour berceau de *Titan*, Jean-Paul avait oublié ce désolant proverbe germanique: « Ce qu'on désire quand on est jeune abonde quand on est vieux; » la plupart de nos joies nous arrivent quand, à nos yeux, elles ont perdu la plus grande partie de leur valeur. Notre poète ne s'en aperçut que trop tôt. Il trouva d'abord un contraste entre sa situation présente et sa situation passée, contraste qui lui plut beaucoup. Ce n'était plus ce temps où, innocent et timide, il avait passé inaperçu par la Petersthor (porte de Pierre); maintenant tout Leipsick allait au-devant de lui : il put se croire de nouveau à Weimar. On le conduisit pour la seconde fois dans la rue du Prince, mais dans un logement vaste, aux chambres à plafonds élevés, à larges fenêtres. à somptueux mobilier, dans lequel figurait une commode qui, selon l'expression de Richter, « valait mieux que tout ce qu'il avait à y mettre. » Jadis il allait en tremblant chez un traiteur femelle assez revêche et qui pourtant lui faisait crédit ; maintenant les libraires courent pour lui trouver le meilleur restaurateur, qu'ils chargent de servir chez lui le grand homme, afin qu'il ne se dérange pas. Tous les personnages célèbres affluent à sa porte : on se dispute la présence de Jean-Paul.

Ce fut un beau moment pour lui que ce triomphe ; mais il s'aperçut bientôt que ce qui, jeune homme, l'aurait rendu tout-à-fait heureux, arrivait trop tard : son imagination ardente qui, aux jours de sa jeunesse, embrassait tout un monde, était maintenant concentrée sur *Titan* ; ses projets étaient trop vastes pour qu'il ne reconnût pas au bout de quelques jours combien tout ce que Leipsick lui offrait était pâle et vide. Pour un génie comme Jean-Paul, les habitudes mercantiles, le luxe épais et sans grâce qu'offraient à ses yeux les riches habitans de cette ville commerçante, avaient quelque chose de contraint, d'étroit, qui le choquait à chaque instant. Ces tons de Mécène, que prenaient les riches négocians Leipzicois devinrent bientôt insupportables à un homme habitué depuis long-temps à traiter avec les cours de puissance à puissance. Il fit alors l'expérience, peu nouvelle pour nous maintenant, que la pire aristocratie est celle de l'argent, et qu'elle pèse de tout son poids sur le génie. La noblesse au moins masque sous des fleurs les fers qu'elle donne; mais l'aristocratie financière, qui sait combien elle est éphémère, se hâte de jeter lourdement ses chaînes sur les hommes de talent, afin qu'ils ne manquent pas de s'apercevoir quelle influence les domine. Pauvres gens qui oublient que, dans la hiérarchie des rangs, le poète, aristocrate s'il en fut jamais, a le pas sur eux !

Richter n'attendait que l'arrivée d'Émélie pour dire à Leipsick un éternel adieu, et retourner dans les lieux qu'il avait habités durant sa jeunesse ; mais la Titanide exigea qu'il fît avec elle le voyage de Dresde, et l'exécution de son projet se trouva encore reculée. Voici un passage d'une de ses lettres à Otto, dans lequel il lui rend compte de l'impression produite sur lui par la vue de la galerie de statues de Dresde :

... « Tu entres dans une salle lon-
» gue, claire, à la voûte élevée, que
» partagent deux allées de colonnes.
» Entre ces colonnes reposent les dieux
» de l'antiquité, qui ont dépouillé la
» terre de leurs tombeaux, ou l'Olym-
» pe de ses nuages, et qui, par leur as-
» pect, éveillent dans notre poitrine
» l'idée d'un autre univers plus saint,
» plus heureux, plus tranquille que le

» nôtre. Là tu trouves la différence
» qui existe entre la beauté d'un hom-
» me et la beauté d'un Dieu : l'une est
» empreinte encore d'une émotion de
» désir, ou de crainte ; l'autre est
» paisible et pure comme ce bleuâtre
» éther qui nous sépare du ciel; ce
» n'est pas le repos de la lassitude, mais
» celui qui suit une tâche accomplie,
» qui brille dans son œil, ou qui en-
» tr'ouvre ses lèvres. Aussi long-temps
» que ma plume s'exercera sur de
» beaux et nobles sujets, ces dieux
» m'apparaîtront, et m'apprendront
» les règles du vrai beau. Maintenant
» je connais les Grecs, je ne les oublie-
» rai jamais. »

Il tint parole.

Bientôt après il quitta la Saxe et se

rendit près des princes de Gotha et d'Hildburghausen, qui le reçurent à bras ouverts. De temps à autre il allait passer quelques jours à Weimar.

Ce fut à la cour d'Hildburghausen, où il avait rencontré une nouvelle femme à adorer dans la personne de Caroline de F. (une des dames de la cour, la première de toutes ses maîtresses, qui, malgré son titre de dame, fût encore demoiselle), que Jean-Paul passa quelques-uns des plus beaux jours de sa vie. Toutefois, il paraît que, si l'amour le comblait de faveurs, la fortune lui tenait rigueur. Ce fut sans doute par suite de l'embarras de ses finances qu'il se décida malheureusement à faire paraître l'un après l'autre les quatre volumes de *Titan*, dont le premier vit le jour à la foire de Pâques de 1800. Il serait impardonnable de passer sous silence l'épître dédicatoire qu'il traça en tête de cet ouvrage; elle n'est pas moins honorable pour celui qui l'a écrite que pour les princesses qui l'ont méritée : c'étaient les quatre filles du duc de Mecklembourg, qu'il invoqua sous le titre des quatre Grâces qui sont sur le trône, et qu'il ne désigna que sous leurs noms de baptême[1], ainsi qu'elles le lui avaient permis, afin qu'il fût constant que ce n'était qu'à leurs qualités personnelles et non à leur dignité qu'il rendait un aussi gracieux hommage.

La *Loge invisible* [2] fut le berceau de *Titan*, et les ouvrages suivans devinrent

---

[1] Dédicace supprimée dans la traduction.
[2] *Die unsichtbare Loge*, autre production de Jean-Paul.

les élémens de son éducation. Titan, cette création tout-à-fait épique est l'entier accomplissement, dans toutes ses phases, de l'idée qui, peu nette encore, avait donné naissance à la *Loge invisible*. Il est curieux d'observer cette idée géante apparaissant d'abord comme un faible embryon, grandissant sous la plume de l'homme supérieur qui prêtait à des pensées de haut éclectisme tout le charme d'une ravissante poésie, et devenant bientôt, par suite d'admirables combinaisons, tout un système, tout une vie.

L'histoire d'Albano, opposé à Roquairol, c'est l'histoire, prise depuis sa plus tendre enfance jusqu'à l'époque de son plus grand développement, d'un être qui, conséquence rigoureuse d'une position exceptionnelle, d'une éducation toute spéciale, traverse la vie en se heurtant à toutes les douleurs, en buvant à la source de tous les plaisirs licites; souffrant avec noblesse, goûtant le bonheur, mais dans ce qu'il a de pur seulement; exposé à chaque instant à se voir entraîner par de fallacieux principes, et marchant cependant d'un pas ferme vers le but que sa raison lui a montré, sacrifiant à l'accomplissement de ses devoirs tout ce qu'une cour débauchée peut offrir de délices à un jeune homme qui entre dans le monde. Tandis que tous les personnages qui gravitent autour de lui, et qui représentent chacun une aberration différente du principe fondamental de l'ouvrage, tombent successivement à ses côtés, victimes des conséquences naturelles de leurs passions, lui, se raffermissant à chaque chute dont il est témoin, finit par atteindre la position la plus élevée que puisse désirer l'ambition d'un homme, position à laquelle il ne pouvait s'attendre, et pour laquelle, par conséquent, il n'avait pu faire les sacrifices qu'il ne cesse d'accomplir dans le cours de l'ouvrage.

Dans cette biographie d'un système (qui fut toujours l'idée fixe de Jean-Paul), il avait eu d'abord l'intention de prouver par des moyens négatifs la justesse de son principe-type, en faisant de ses personnages, qui tous s'en écartent, autant de victimes de leurs déviations de la bonne route; plus tard il pensa avec raison que la démonstration de son idée gagnerait à l'emploi d'un moyen positif, et il jeta parmi les acteurs de son roman dramatique la personnification de son système philosophique, *Albano :* c'est un véritable syllogisme qui résume en lui seul toute la pensée de l'auteur.

Richter eut le rare mérite de placer dans le même ouvrage six personnages de femmes, qui n'ont aucune nuance de ressemblance l'un avec l'autre, et qui, depuis l'instant où ils apparaissent sur la scène jusqu'à celui où ils la quittent, ne dévient pas une seule minute du caractère que leur a donné l'auteur. Cinq d'entre ces femmes sont des modifications, des degrés différens du type premier, Liane. Celle-ci est une créature semi-terrestre, semi-céleste, dont les pieds seuls touchent la terre, quand sa tête est dans le ciel. En suivant l'échelle descendante dont elle est l'échelon supérieur, on trouve Idoine, Julienne, Linda, Rabette et Isabelle. Idoine, semblable à Liane au physique, et souvent même au moral, a de moins qu'elle cette exaltation d'idées, cette tendance constante vers une autre vie, qui distinguent particulièrement Liane. Julienne, Linda, sont deux créations délicieuses; l'une développant cette tendresse de cœur, cette sensibilité mystique qui appartiennent spécialement à l'école native allemande; l'autre, au sang espagnol, à l'ame forte, fière, mais tendre et même plus fortement impressionnable que Julienne. Rabette, simple et naïve villageoise, apporte à la ville ses mœurs de la campagne, et, dans tout le cours de l'ouvrage, elle offre comme un éternel contraste entre la cour et le hameau. Isabelle enfin, dans sa poitrine, sent battre un cœur d'homme;

plus profondément instruite que les autres types de femme, elle ne se sert de son organisation supérieure que dans des vues d'égoïsme; et il ne lui a manqué peut-être, pour être la gloire de son sexe, que de rencontrer dans un homme une ame jumelle. Certes, de semblables portraits suffiraient à eux seuls pour rendre immortel leur auteur; et quand on songe aux autres personnages qu'il a groupés avec tant d'art autour de ces femmes; à la manière si simple dont se dénoue une intrigue si compliquée, on conçoit facilement que les Allemands aient nommé Jean-Paul, l'*Unique Der Einzige*.

Critique de ce sensualisme ardent, enthousiaste, sentimental et féroce qui est représenté par Roquairol; qui veut toutes les jouissances et qui croit se grandir en grandissant son égoïsme;

Critique du faux sentimentalisme et de l'affectation romanesque;

Critique de l'éducation étroite, mesquine, factice, pédante, en honneur dans la vieille Europe;

Critique des petits cercles allemands et de leur étiquette formaliste;

Enfin apothéose de l'ame, de la naïveté, de l'idéal, en opposition avec le matérialisme, les plaisirs sensuels, et les ambitieuses luttes de l'intelligence;

Telle est la clef générale de ce bizarre livre, poème épique mêlé de satire et de folie, de mysticisme et d'affectation ; — mais plein de grandeur, de vérité et de profondeur dans sa pensée intime et philosophique.

TITAN.

PREMIÈRE PÉRIODE DU JUBILÉ.

CYCLE I.

Par une belle soirée de printemps, Césara, jeune comte espagnol, Schoppe et Dian, ses compagnons de route, arrivèrent à Sesto; ils devaient, le lendemain, visiter ensemble celle des îles Borromées qu'on nomme *Isola Bella*, sur le Lac Majeur. La figure noble et expressive du jeune homme était animée par la fatigue du voyage, et par l'enthousiasme qu'éveillait en lui la pensée de ce que lui réservait le lendemain. — Jour heureux! il devait voir cette île enchanteresse, trône du printemps, et dans cette île un homme qui lui était promis depuis vingt années!

Dans les régions septentrionales qu'il venait de visiter, à peine la beauté de ses traits avait-elle été remarquée par les yeux mornes et tristes des gens du Nord. Les habitans de la suave Italie le recevaient en triomphateur. A Milan, plus d'un amateur avait regretté qu'il ne fût pas de marbre, et qu'il ne pût prendre place parmi les dieux de pierre du palais Farnèse, du Musée Clémentin ou de la Villa Albani. Tout à l'heure encore, l'évêque de Novarre qui passait, l'épée au côté, frappé de la bonne mine du comte, n'avait-il pas dit à Schoppe, qui fermait la marche :

— Qui est-il ?

Et celui-ci n'avait-il pas répondu en pinçant les lèvres, et de la manière la plus propre à satisfaire complétement la curiosité du révérend seigneur:

« C'est mon Télémaque, et je suis son Men-
» tor ; une pièce de monnaie à laquelle je
» sers de moule et de balancier ; un métal qui
» se polit à mon laminoir ; un enfant que je
» fais homme ?... »

Cette île Borromée attirait vers elle le jeune comte de Césara, comme un monde en attire un autre. Dian, Grec de naissance, Artiste qui plus d'une fois avait visité et dessiné l'Isola Bella et l'Isola Madre, avait enflammé l'enthousiasme du jeune comte, par les tableaux ravissans qu'il avait offerts à cette ame ardente.

Schoppe s'occupait et l'occupait davantage de l'homme extraordinaire que son ami devait voir le lendemain pour la première fois. Comme on portait sur un lit de repos un vieillard endormi, dont la pâle figure se colorait aux rayons du soleil couchant, Césara, apercevant ce cadavre vivant, demanda vivement à son ami :

— Mon père est-il comme cela ?

Voici pourquoi cette île parlait fortement à son cœur ; il avait passé dans l'Isola Bella ses trois premières années terrestres avec sa sœur, qui, plus tard, était allée vivre en Espagne avec sa mère, morte depuis. Cette île avait été pour le sommeil matinal de la vie, pour son enfance, la chambre à coucher retouchée de Raphaël ; mais il ne lui en était rien resté dans la tête ni dans le cœur, — sinon, dans le cœur un battement bien vif, quand on nomma l'Isola Bella devant lui : — dans la tête un souvenir, — l'Écureuil qui figure sur la terrasse supérieure de l'île, — les armoiries des Borromée.

Après la mort de sa mère, son père le transplanta de son lit de fleurs d'Italie ; — (quelques-unes cependant restèrent suspendues aux racines), dans une seigneurie allemande, Blumenbühl, qui fait partie de la principauté de Hohenfliess (principauté assez peu connue des Allemands). Là il le fit élever dans la maison d'un brave gentilhomme. Veut-on que je m'exprime plus clairement et plus allégoriquement? il laissa ce jardinier pédagogue travailler à la plante avec ses arrosoirs, sa serpe et ses ciseaux, jusqu'à ce qu'elle se changeât en un palmier droit, élevé, à la séve généreuse, à la robe de piquans. Enfin le jardinier ne fut plus assez grand pour en atteindre le faîte avec la serpe ou les ciseaux.

Maintenant, à son retour de l'île enchantée, il doit échanger sa plate-bande de la campagne pour le lit de fumier de la ville, et prendre place sur un piédestal du jardin de la cour. En un mot, il doit aller à Peslitz, université et résidence princière de Hohenfliess, dont la vue même lui avait été jusque-là défendue par son père.

Et demain il doit le voir ce père... et pour la première fois! Gaspard de Césara, chevalier de la Toison d'Or (j'aimerais assez savoir si cet ordre est espagnol ou autrichien), vieillard façonné et poli par le sort, avait eu dans sa jeunesse de ces passions qui demandent pour arène un champ de bataille ou un royaume, et qui ne peuvent pas plus se mouvoir dans le cercle étroit de l'étiquette, qu'une baleine dans un port. Il essaya de les calmer, tantôt par une étude profonde des sciences, tantôt par des voyages perpétuels ; il se trouva en relation avec de petits hommes et de grands hommes, même avec des cours; mais il n'en reçut aucune contamination; fleuve pur d'eaux étrangères, il se fraya une route à travers l'océan du monde. Après avoir voyagé par terre et par mer, après avoir, dans cette *circum-navigation* de la vie, exploré les joies, les peines, les forces et les systèmes, il continua (poursuivi par le présent, ce singe du passé), ses études et ses voyages géographiques, toujours dans l'intérêt de la science ; comme il visita les champs de bataille d'Europe dans l'intérêt de l'humanité. Au demeurant, il n'était point triste, il n'était point gai ; caractère grave, qui n'aimait ni ne haïssait, ne blâmait ni ne louait les hommes ou lui-même : appréciant chacun selon sa nature, la colombe dans son genre et le tigre dans le sien.

Avant d'aller plus loin, je suis bien aise de mettre ici pour conditions : 1° qu'il me sera loisible d'appeler don Gaspard, le chevalier, sans être obligé d'appendre la Toison-d'Or à son col; 2° que je ne serai pas forcé, par égard pour les lecteurs à mémoire courte, de coudre à son fils Césara (le vieillard ne paraîtra jamais sous ce nom) son nom de baptême, qui est Albano.

Don Gaspard devait quitter l'Italie pour se rendre en Espagne, et il avait chargé Schoppe de lui amener de Blumenbühl, Albano ou Césara (comme on voudra l'appeler), sans qu'on sache pourquoi l'idée lui en était venue si tard. Etait-ce afin de ne voir ses jeunes rameaux que dans toute la force de leur printemps? Avait-il quelques vieilles formules à lui signaler dans le calendrier séculaire des cours? Ou bien voulait-il ressembler aux anciens Gaulois, ou aux habitans du Cap, qui ne laissaient paraître leurs enfans devant eux que lorsqu'ils étaient formés et en état de porter les armes? Tout ce que je sais, c'est que je serais un grand sot, de me charger les épaules dès le péristyle de l'ouvrage, en m'imposant la tâche assommante de décrire les diverses variations de cette aiguille aimantée qu'on nomme l'ame, et d'en donner une carte pour mon frontispice. C'est d'ailleurs lui (et non pas moi), qui est le père de son fils, et il doit savoir fort bien sans doute pourquoi il a voulu que ce fils eût de la barbe avant de lui être présenté.

Vingt-trois heures allaient sonner (usage d'Italie, autrement une heure avant le couche du soleil), ou pour mieux dire vingt-trois heures sonnaient en effet: Albano voulut compter les longs et monotones tintemens de l'horloge, mais son imagination était trop vive pour lui permettre de monter pas à pas tous les échelons de l'échelle diatonique. Il n'attend pas qu'elle se termine et marche vers le bord du lac, d'où son œil aperçoit ces îles élevées qui surgissent du sein des eaux comme autant de divinités des ondes.

Il était là, ce noble jeune homme, le visage coloré par la réfraction des derniers rayons de l'orbe du jour, et le cœur palpitant à l'idée de ce père occulte, soleil vivifiant qui, caché derrière un nuage, avait échauffé et éclairé sa vie. Ce désir ardent n'était point de l'amour filial, sentiment qui appartenait à ses parens d'adoption. L'amour ne peut se porter que sur un cœur contre lequel le nôtre a long-temps battu, protégé par lui contre le froid des nuits et la chaleur des jours. Sur les pensées de son ame planait une ombre gigantesque, l'image paternelle, à laquelle la froideur de Don Gaspard n'avait rien ôté de sa puissance... Albano espérait même, à force d'amour, fondre cette montagne de glace derrière laquelle s'était retranché le cœur d'un père... Pauvre jeune homme qui croyait que rien ne pouvait résister aux élans passionnés de l'ame, de la sienne surtout!

Notre héros qui vivait contemporain des siècles passés et non du temps présent, mesurait les hommes à une aune anté-diluvienne. Cette invisibilité du chevalier constituait à elle seule, pour Albano, une sorte de grandeur, et un voile épais rehaussait en le cachant l'éclat dont son père devait briller. Notre jeune homme se sentait attiré vers les hommes extraordinaires par un charme invincible. Il lisait les éloges des grands hommes avec autant de plaisir que s'il eût été l'objet de ces panégyriques; et, tandis que le peuple a une tendance à voir d'un mauvais œil les génies hors de ligne, comme il aperçoit des diables dans toutes les pétrifications, lui, candide adolescent, il aimait le Génie. Dans son cœur, l'amour était inséparable de l'admiration; sa poitrine était à la fois vaste et ardente. Un cœur noble aspire sans cesse à en rencontrer un plus noble encore; il veut que son idéal se revête d'un corps emprunté ou réel, et lui apparaisse dans toute la force de l'existence, afin de s'anoblir de plus en plus par le contact; car le grand homme se forme sur le grand homme, de même que le diamant ne se polit que par le diamant. Mais qu'un littérateur, un habitant de petite ville, un porteur de gazettes, ou un faiseur de gazettes prenne un jour l'envie de voir un grand homme, comme il pourrait avoir celle d'examiner un embryon à trois têtes, ou un pape à trois bonnets, ou un requin empaillé, ou une machine à paroles ou une machine à faire le beurre; il contentera sa fantaisie, non pas parce que l'idéal qu'a rêvé son homme intérieur le pousse invinciblement vers le grand homme, le phénomène, le pape, le requin, ou la machine à beurre, mais parce qu'il s'est dit, en se levant:

Je suis bien curieux de voir quelle mine cela a, je serai ravi d'en causer ensuite, un verre de bière à la main.

Les regards d'Albano erraient sur l'eau polie, et de là sur l'asile sacré de son enfance où avait respiré sa mère qu'il ne devait pas revoir, sa sœur, qu'on lui avait enlevée. Pour lui la statue colossale de saint Borromée, qui semblait regarder la ville, c'était son père dont l'œil le contemplait; l'immense ceinture de montagnes et de glaciers qui fermait l'horizon, élevait son ame vers de hautes pensées.

Il retourna auprès de ses amis, et les supplia

de partir le même soir pour l'île, quoique son père ne dût y arriver que le lendemain. « Être impatient, lui dit Dian, en lui passant la main amicalement sur la tête, tu as des ailes au cerveau, comme Mercure, et tu en veux avoir aussi aux pieds comme lui ! Sois content, à minuit nous nous embarquerons, et au lever de l'aurore nous serons à terre. »

Dian aimait son jeune ami en artiste, à cause des belles proportions de son corps ; en homme, pour les excellentes qualités de son cœur. Ils s'étaient liés à Blumenbuhl, où Dian remplissait les fonctions d'intendant provincial des bâtimens. Il admirait chez le jeune Césara cette puissante et audacieuse énergie qu'il aurait blâmée chez un vieillard ; de même qu'une inondation, désastreuse pour la Hollande, ne passerait point pour telle en Égypte. Il jugeait des hommes suivant leur nature, et, de toutes les cordes qui vibrent dans l'ame, il n'en coupait aucune, mais il les accordait toutes. Comment Césara ne se serait-il pas attaché à un précepteur, sur les tables de la loi duquel ne figuraient que ces deux mots : plaisir et modération ?

Les images du présent et de l'avenir qui devait se dérouler devant lui, avaient tellement rempli le cœur de Césara d'idées de grandeur et d'immortalité, qu'il ne comprenait pas qu'on pût consentir à se laisser enterrer sans avoir atteint l'une et l'autre. Il plaignait de toute son ame leur Hôte, chaque fois qu'il leur portait un plat, en fredonnant quelque refrain, parce qu'il ne deviendrait jamais rien, et encore moins immortel. Cette dernière crainte était une erreur, car, moi, je prétends l'immortaliser ici; qu'on sache donc qu'il s'appelait Pippo, contraction du nom Filippo. Au moment où nos voyageurs payaient leur carte, Pippo prit un des ducats de Kremnitz que lui avait remis Albano, et s'écria en le baisant. — « Bénie soit la Sainte-Vierge qui porte l'enfant Jésus sur le bras droit! » Schoppe remarqua que, selon lui, l'enfant serait plus léger[1] si elle le portait sur le bras gauche.

A la lueur du clair de lune, ils montèrent dans leur barque et glissèrent sur les vagues transparentes. Schoppe avait embarqué une provision de vin, moins pour le boire que par précaution philosophique[2];—« car, disait-il, si

[1] Les vieux ducats de Kremnitz ont l'enfant Jésus sur le bras droit; les nouveaux et les plus légers l'ont sur le bras gauche.
[2] Franklin conseille d'avoir des bouteilles vides bien bouchées pour soutenir un navire sur l'eau.

une voie d'eau se déclare, nous n'aurons à pomper que les bouteilles, et la barque restera à flot. »

L'âme de Césara s'absorba de plus en plus dans les beautés du paysage et de la nuit. Les rossignols frappaient déjà du bec à la porte triomphale du Printemps. Son cœur se gonflait de joie, comme le melon sous la cloche. Un moment il croit voir le pompeux tulipier au milieu de la ceinture de fleurs de l'été, comme une immense fleur artificielle qu'on assortirait, étamine par étamine, feuille par feuille. Il sentit se réveiller en lui l'impétueux désir de vider d'un seul trait la corne d'abondance de la nature. Il ferma les yeux afin de ne les rouvrir qu'en présence du soleil levant et sur la plus haute terrasse de l'île. Schoppe crut qu'il dormait : mais le Grec sourit, en devinant le secret de cette Cécité factice, et il couvrit les yeux de son ami d'un bandeau, pour rendre plus facile son épreuve.

— « Voyez, disait Schoppe à Dian, de combien de beautés le colin-maillard de notre ami le prive : le château Lizanza et sa montagne, la blanche ville d'Arona qui se développe dans le lointain ; ce saint Borromée [1], sur le front

---

[1] Cette statue a cent vingt pieds, y compris le piédestal ; dans sa tête seule pourraient tenir quatre personnes assises autour d'une table.

duquel la lune semble posée comme un immense bonnet de nuit. Le géant n'a-t-il pas l'air du Micromégas du corps politique allemand ? tout aussi haut, tout aussi glacé, tout aussi raide ? »

Le manteau de la nuit devint plus mince et plus froid ; l'air du matin pénétrait plus vif dans la poitrine. Enfin l'aurore se dessina sur les marronniers, comme une ceinture de pommes des Hespérides ; ils débarquèrent.

Césara, qui s'était fait aveugle, saisissait, en gravissant les dix terrasses, conduit par ses amis, les diverses émotions que faisait naître en eux la vue de tant de beautés qui se déroulaient devant eux ; mais il conserva courageusement son bandeau, au milieu des orangers et des lauriers dont un suave zéphyr lui apportait les parfums : et, lorsqu'ils eurent atteint la plus haute terrasse au pied de laquelle, à cent pieds au-dessous, battent les flots verts du lac, Schoppe s'écria :

« Voici le moment ! »

Mais Césara voulut attendre que le soleil eût sa place dans le tableau ; et lorsque ses rayons percèrent la nue, Dian arracha le bandeau de Césara, et lui dit :

« Regarde !.. »

Mon Dieu ! fut le premier cri de cet aveugle

auquel on rendait la vue, et qui apercevait enfin ouvertes toutes les portes de ce nouveau ciel. Quel monde !... Les Alpes étaient là, comme autant de géans, les bras entrelacés, opposant au soleil leur bouclier de glaces... Leurs corps étaient entourés de la ceinture bleue des forêts... A leurs pieds surgissaient des coteaux couverts de vignes... Le vent frais du matin jouait avec les cascades comme avec autant de rubans, et ces rubans et ces coteaux se réflétaient sur le miroir poli du lac... Albano se tourna lentement de tous côtés. Ses yeux erraient des montagnes aux vallons, de la terre aux eaux du lac, du soleil aux fleurs; partout la nature annonçait son majestueux réveil; il semblait que la terre vint de naître et qu'une nouvelle création eût jeté d'un côté des terres, de l'autre des mers, et là-bas des montagnes.

Muet d'admiration et d'enthousiasme, il serra contre son cœur les mains de ses amis. La vue de ce noble univers avait dilaté douloureusement sa poitrine; et cependant il était heureux. Comme l'aigle, son œil avait regardé le soleil en face : et cet aveuglement passager, joint au feu des rayons de l'astre, avait enveloppé la terre d'un épais nuage... Il se trouvait seul, tout seul, sur ce point isolé : cette terre semblait son sépulcre qui s'ouvrait ; ce soleil, la nouvelle patrie qui l'attendait... Puis son imagination se leva ; s'élança, s'étendit comme une nuée ; dans ce soleil si pur, il crut voir sa mère qui le contemplait, et dans cette nuageuse fumée de la terre, son père qui l'observait, son avenir qui se déroulait.

Silencieux, il redescendit les terrasses, voilant avec sa main ses yeux humides pour ne pas retouver partout ces ombres et ces nuages, qui lui semblaient planer sur les arbres et sur les fleurs. Ah ! sainte nature, quiconque te voit avec des yeux d'amour; a pour les hommes une sensibilité plus ardente, un amour plus vrai !

CYCLE II.

Je ne souhaiterais à un homme que j'aimerais rien de plus qu'une mère, une sœur, et vivre trois ans avec elles dans l'Isola Bella; puis au bout de vingt ans, par une délicieuse matinée de printemps, se retrouver là, dans ce paradis qu'on a habité, évoquer tous ses souvenirs, leur donner un corps, se créer, pour ce théâtre fantastique, d'imaginaires acteurs symboles d'êtres réels, mais éloignés ou perdus; et, tout à coup, comme au coup de sifflet du machiniste, voir la toile se lever devant soi et la pièce commencer! Ce bonheur était le tien, ô Albano! tes pieds d'homme marchaient dans les traces de tes pieds d'enfant; autour de toi, au milieu de ces bosquets embaumés, sous ce ciel Italien dont l'azur est si profond, le bonheur respirait: la nature te pressait sur son sein comme une tendre mère; et, dans le lointain, se dressait l'image de cet homme imposant qui s'appelle ton père et dans le cœur duquel le tien ne demande qu'à s'épancher.

Nos trois amis parcoururent dans tous les sens ce paradis terrestre; et, quoique Schoppe et Dian l'eussent déjà visité, l'enthousiasme d'Albano prêtait à tous les objets une teinte tellement enivrante qu'il leur semblait les voir pour la première fois.

Schoppe, qui, dans cette visite, donnait le baiser d'adieu à l'Italie, cherchait à conserver le plus long-temps possible sur les lèvres quelques gouttes épanchées de la coupe du bonheur. Les voyageurs prirent possession, une à une, de ces nouvelles îles d'Otahiti; chaque province, c'est-à-dire chaque terrasse, devait contribuer à leurs plaisirs. — La terrasse inférieure, dit Schoppe, nous paiera sa dîme en parfum d'orangers et de citronniers; la terrasse supérieure fournira son contingent en beaux points de vue; la grotte s'acquittera de l'impôt, en douces harmonies, en murmure de flots bruissans; et la forêt de cyprès soldera son droit de joyeux avènement en fraîcheur et en nectar odorant.

L'orateur cherchait, à l'aide de ses plaisanteries, à donner le change aux idées exaltées qui bouillaient depuis le matin dans le cerveau et le cœur de Césara. Il n'y put parvenir.

C'était à midi que le chevalier devait venir; jusque-là on avait le temps de parcourir les endroits les plus cachés de l'île, les amis en profitèrent : et une ruche, un citronnier, une vague qui se brisait à leurs pieds, une statue cachée sous les fleurs, leur inspiraient autant de plaisir que la vue de l'ensemble. Oh! ils avaient raison; notre plus grande et notre plus longue erreur est celle-ci; nous cherchons la vie, c'est-à-dire la jouissance de la vie, comme les matérialistes cherchent le *moi* dans son *tout*, comme si ce tout pouvait nous apporter quelque chose que ne possédât pas déjà chaque partie isolée. Le ciel de notre existence se compose-t-il donc, comme celui qui est sur nos têtes, d'air terne et inerte, qui, vu de près et par parties, n'est qu'un rien transparent, et qui a besoin d'être loin de nous et réuni pour devenir l'éther azuré? Le siècle jette la semence de nos jours sur l'aile des minutes; l'éternité a pour anses les momens; il faut d'abord saisir ceux-ci, si l'on veut se rendre maître de celle-là. La vie ne se compose pas de 70 ans, mais les 70 ans se composent d'une vie qui s'envole; et qu'on meure quand on voudra, on a toujours assez vécu.

CYCLE III.

Au moment où les trois amis s'asseyaient sur le gazon pour faire honneur aux provisions que Schoppe avait eu la précaution d'emporter de Sesto, il se fit un léger bruit dans le feuillage, et un étranger, revêtu d'un costume élégant, mais d'une seule couleur, s'avança vers eux, et, s'adressant d'abord à Césara, lui dit en allemand, avec lenteur et d'une voix basse :

— Je suis chargé de présenter à monsieur le comte une excuse de la part...

— De mon père? interrompit vivement Albano.

— Non, monsieur le comte, de la part de

mon prince, répliqua l'étranger ; il n'a pas voulu permettre que monsieur votre père, dont l'état de santé n'est pas satisfaisant, se mît en route au milieu de la fraîcheur du matin, mais il arrivera ce soir. »

Cet étranger se nommait Augusti : il était lecteur du prince et avait vécu long-temps dans le grand monde ; il paraissait plus âgé de dix ans qu'il ne l'était réellement ; car il n'avait que 37 ans. Ce gentilhomme devait à l'avenir remplir auprès d'Albano les fonctions de gouverneur en chef, et Schoppe se trouvait réduit à celles d'adjoint.

On aurait à craindre toute la vengeance que peuvent déverser les encriers des critiques, si l'on se permettait de les laisser dans l'ignorance relativement au nom du prince dont il vient d'être question. C'était le prince héréditaire de Hohenfliess; Blumenbuhl, où le comte avait été élevé lui appartenait, et bientôt Albano devait habiter la capitale de ses domaines. L'Infant de Hohenfliess quittait l'Italie où il avait laissé des dettes et des mandats territoriaux, pour retourner en toute hâte en Allemagne et y faire battre monnaie de joyeux avènement, parce que son père, le prince régnant, n'avait plus à descendre que quelques marches de l'escalier qui conduit au caveau sépulcral.

Pendant le repas, le Lecteur Augusti donna le ton à la conversation qu'il fit rouler sur les beautés du paysage, et sur quelques détails de cour. Il apprit au comte que le seigneur allemand de Bouverot y jouissait d'un grand crédit, et que le prince souffrait beaucoup des nerfs.

Le Lecteur que frappaient la bizarrerie et les manières de Schoppe, son futur collaborateur, arriva, par plus d'un détour, à lui demander comment le chevalier don Gaspard avait fait sa connaissance.

— Par l'entremise de Pasquino, répondit Schoppe! Le chevalier, en tournant un jour le coin du palais Ursini, aperçut quelques Romains et notre prince héréditaire, groupés autour d'un homme qui adressait aux statues de Pasquino et de Marforio la prière suivante, sur ses deux genoux... ces genoux étaient les miens. « Chers Castor et Pollux, pourquoi ne
» vous sécularisez-vous pas, et ne parcourez-
» vous pas l'Allemagne comme évêques *in*
» *partibus infidelium*, ou comme deux labo-
» rieux vicaires?.. Ne pourriez-vous pas aller
» de côté et d'autre, comme prédicateurs
» d'ambassade, ou comme référendaires dans
» les villes impériales? Ou ne pouvez-vous

« aller vous poster comme *chevaliers d'hon-*
» *neur* ou hérauts-d'armes, des deux côtés
» d'un trône? Plût à Dieu qu'on pût au moins
» te faire nommer, toi, Pasquino, prédica-
» teur en chef de la cour, ou te descendre de
» la voûte d'une chapelle royale, au moyen
» d'une poulie, pour servir d'ange-baptiste et
» donner un nom à l'infant... Dites-moi un
» peu, vous, jumeaux, pourquoi ne pren-
» driez-vous pas place à la diète comme maî-
» tres des requêtes, et n'y parleriez-vous
» pas? Pasquino, quelque sculpteur ne peut-il
» te restaurer assez complétement pour que
» tu puisses servir, dans les congrès et assem-
» blées diplomatiques, de garniture de che-
» minée, et y tracer des silhouettes critiques?
» Ah! joyeux couple, pourquoi Chigi, qui
» est là, à côté de moi, ne te fait-il pas mo-
» deler en miniature? Tu serais un exem-
» plaire de poche dédié aux dames; je te ser-
» rerais dans la mienne et ne t'en ferais sortir
» qu'en Allemagne... Mais je puis réaliser ce
» souhait dans cette île »... Il tira en effet de
sa poche un petit modèle de Pasquino que le
célèbre architecte et modeleur Chigi, témoin
à Rome de l'oraison de Schoppe, avait fabri-
qué pour lui. Puis, continuant son récit:

« Don Gaspard se tourna de mon côté, et demanda en espagnol qui j'étais. — Je suis, lui répondis-je, aussi en espagnol, bibliothécaire en titre du grand-maître de l'ordre de Malte, et descendant de celui qu'on a nommé le *chien grammatical*, de l'humaniste à bec et ongles, Scioppius, en allemand Schoppe... mon nom de baptême est Pero, Pietro, Pietro, ou Pierre; mais ici plus d'une personne m'appelle, par distraction, Sciupio Sciopio, dissipateur.

Gaspard avait un œil qui scrutait l'intérieur des cœurs; il savait apprécier les hommes; il ouvrit sa maison au bibliothécaire. Plus tard, lorsqu'il se fut aperçu que Schoppe ne gagnait sa vie qu'en peignant des portraits, et qu'en outre il désirait retourner en Allemagne, il lui proposa de tenir compagnie à Albano, emploi qui ne serait partagé que par le Lecteur Augusti. Mais Schoppe exigea avant tout, quatre choses : d'abord, qu'on lui donnât les portraits physique et moral du jeune comte. Cela fait, il procéda à la troisième condition. — « Quoi, se demanda-t-il, serai-je condamné à me laisser calandrer entre les cylindres des trois états, de la noblesse, du clergé et du peuple, pour acquérir du lustre et du poli, à force d'être serré et pressé? Je ne le veux pas. J'accompagnerai votre fils dans le ciel et dans l'enfer, mais non pas à la cour ni dans les maisons de gens de cour. » Cet article fut bien vite accordé, d'autant plus que le *legat a latere* de la puissance paternelle, le Lecteur Augusti, devait être chargé de ces fonctions spéciales. Mais le quatrième article faillit faire manquer le traité. Schoppe, qui ne voulait point aliéner sa liberté, consentait bien à rendre occasionellement quelques services, mais il demandait que ce ne fût pas une obligation, et, par conséquent, il refusait obstinément un salaire.—« J'ai l'intention, disait-il, de faire de temps à autre quelques sermons à votre fils, mais non des sermons hebdomadaires ; il peut même arriver que pendant six mois je ne monte pas en chaire. »

Le chevalier regardait comme inconvenant d'être l'obligé de Schoppe, et les négociations allaient se trouver rompues, lorsque Schoppe s'avisa d'un moyen terme: Il ferait jouir le jeune comte de sa société comme *don gratuit*, et, en échange, il recevrait de temps à autre du chevalier, comme *don gratuit*, une certaine quantité de considération. Au moyen de ces conventions, le bibliothécaire eut autant de part au moins dans les affections de don Gaspard, que l'honnête Heyduque qui ouvrait la portière de sa voiture. Son examen des hommes n'était qu'une autopsie de cadavres; après l'épreuve, il n'en aimait ni n'en haïssait davantage l'objet. Pour lui, sur le théâtre bruyant de la vie, le régisseur, les première et seconde amoureuses, les Lear et les Iphigénie, n'étaient pas plus des amis, que les Egisthe, les Tyrans et les Figurans n'étaient des ennemis: il ne voyait en eux que des acteurs jouant des rôles divers. O Gaspard! indépendamment de la loge de face où tu es assis, n'occupes-tu pas une place sur la scène? Et ne vois-tu pas, comme Hamlet, qu'il y a une petite comédie dans une plus grande? N'y a-t-il pas sur chaque théâtre une double vie, celle qui copie et celle qu'on copie?

Albano se leva, et, se séparant de ses amis pour être seul toute la soirée, il s'enfonça dans les allées parfumées de l'île.

CYCLE IV.

Césara n'avait bu que trois verres de vin, et cependant son cerveau fermentait; il éprouvait les mêmes sensations tumultueuses qui avaient marqué ses premiers pas d'homme dans la vie; il lui semblait que dans chaque membre battait un cœur; son sang était lourd et brûlant, sa respiration embarrassée; ses yeux se mouillaient malgré lui, tout son corps enfin était faible par surcroît de force... Pressé par le poids d'un nuage d'électricité, il éprouvait un désir immodéré de destruction : jeune, il aimait alors à faire rouler vers la plaine des fragmens de rocher, à lancer son cheval jusqu'à perdre la respiration, quelquefois même à éveiller avec la pointe de son canif le sentiment de la douleur, ou bien encore à ouvrir un passage avec le même instrument au sang qui le dévorait... Il était dans cette situation d'esprit, et marchait rapidement derrière le palais, lorsqu'un des jeux de son enfance lui revint en mémoire.

Souvent, au mois de mai, il avait pris pour asile la Cime d'un immense pommier dont les branches étaient disposées comme un cabinet de verdure ; il aimait à se sentir bercé, tantôt mollement, tantôt par saccades violentes. Par momens la cime élevée qu'il occupait, frappée d'un tourbillon de vent, caressait l'herbe fraîche de la prairie, puis, se relevant avec force, reprenait sa place dans les nues... Cet arbre lui semblait celui de la vie éternelle ; ses racines touchaient aux régions infernales, sa tête superbe interrogeait les cieux, et lui, l'innocent Albano, seul dans ce kiosque aérien, habitant d'un monde fantastique créé par la baguette de son imagination, obéissait nonchalamment à la tempête qui poussait le toit de son palais, du jour dans la nuit et de la nuit dans le jour.

Un Cyprès Géant s'offrit dans ce moment à sa vue ; il grimpa dans ses branches pour s'y reposer. Quel univers nouveau se déroula à sa vue! Que de montagnes, que d'îles, que de forêts! Il voyait dans le lointain un nuage gros de tempêtes, planant sur la ville aux sept collines, comme si de cette ombre immense devaient sortir les voix de ces vieux Romains dont le fougueux génie, comprimé par ces sept collines comme par autant de Vésuves, s'était enfin frayé un passage au moyen d'une éruption de plusieurs siècles ; tantôt ensevelissant des villes et des provinces sous les torrens de leur lave dévastatrice; tantôt répandant l'abondance et la fécondité : jusqu'au moment où, n'ayant plus rien à détruire, ils se détruisirent eux-mêmes. La muraille des glaciers, cet immense miroir, était là, comme son père, froide, malgré l'ardeur du soleil, qui la rendait brillante sans l'échauffer, sans l'amollir... Du milieu des flots purs des lacs, s'élevaient les pointes des collines et des montagnes qui semblaient autant de Baigneuses sortant de l'eau... L'imagination ardente d'Albano évoquait alors les grands hommes de l'antiquité; ils apparaissaient à sa voix et peuplaient le gigantesque paysage. Sous leurs pas invisibles se courbaient bien bas les arbres des forêts, tandis que les fleurs ne s'inclinaient qu'à peine... Il descendit, et promena sous les orangers ses vagues rêveries. Bientôt de tous côtés s'offrirent en foule les souvenirs de son enfance, de sa mère qu'il ne reverra plus. Ici une grotte, là une arcade, là un bosquet... Oh! il n'y avait pas à en douter, tout était resté dans le même ordre, comme s'il n'eût fait que sortir de l'île; sans doute sa mère ou sa sœur sont là derrière ce portique, qui le regardent, qui jouissent de sa surprise; elles vont se montrer, lui ouvrir les bras... «Oh! venez, venez!...» Rien que l'écho... Il est seul. La sensation était trop forte, son sang bouillonnait dans son cerveau; il lui ouvrit une issue : il se frappa.

La blessure était plus profonde qu'il n'avait voulu la faire; un long filet de sang ruisselait de son bras et se mêlait sur le gazon aux rayons mourans du soleil. Il sentit par degré sa tête s'éclaircir, ses idées reprendre leur cours ordinaire; de toutes celles qui s'étaient succédées dans son cerveau, une seule resta, la pensée de sa mère : avec quel plaisir il eût répandu tout son sang pour la rappeler près de lui!—«O mon père, dit-il alors, viens près de moi, tu trouveras dans mon cœur un inépuisable foyer d'amour!»

Le soleil avait cessé d'échauffer la terre,

on n'apercevait plus ses rayons que sur la pointe des glaciers ; l'ombre mystérieuse du crépuscule s'étendait comme un long voile sur la nature...

Du fond d'une avenue de cèdres s'approcha lentement vers Albano une forme humaine, à la taille élevée, enveloppée d'un manteau rouge ; de la main droite elle pressait fortement sur le côté du cœur, et à tout moment des étincelles s'en échappaient ; de la gauche elle tenait un masque de cire qu'elle pétrissait pour en faire une masse informe. Soudain elle s'arrêta, et demeura immobile près du mur du palais. Albano posa sa main sur sa blessure pour retenir le sang, et s'avança vers cette statue vivante. Quelle statue!.. Du milieu d'une figure maigre et ridée surgissait, entre deux yeux qui brûlaient dans leurs orbites comme une lampe au fond d'une caverne, un nez, véritable type du dédain et de l'orgueil... Ces traits étaient ou ceux d'un ange déchu, ou ceux d'un homme habitué à commander, parce qu'il était habitué à mépriser ; qui ne pouvait rien aimer, pas même lui ; de l'un de ces êtres terribles enfin, qui s'élèvent au-dessus de l'humanité, du malheur, de la terre et de leur conscience, et auxquels il importe fort peu quand ils répandent le sang, que ce soit celui d'un étranger ou celui de leurs veines...

C'était don Gaspard.

La plaque de diamans qu'il portait sur son habit le trahit. La catalepsie, son ancienne maladie, venait de le saisir.

— « O mon père! s'écria Albano effrayé. » Et il serrait dans ses bras cette forme immobile, il pressait ce cadavre vivant sur son cœur... C'était pour lui un avant-goût de l'enfer. Il baisait cette lèvre froide et décolorée, il appelait, il criait... Enfin il resta debout devant cette statue; ses deux bras tombaient à ses côtés; et l'un d'eux laissait couler sans obstacle le filet de sang auquel il avait livré passage... Il contemplait en serrant les dents, dans son désespoir, et les yeux pleins de larmes, cet automate dont les ressorts ne marchaient plus. Il saisit avec une espèce de rage la main qui était toujours restée appuyée sur le cœur, et l'attira vers lui... C'en fut assez : don Gaspard s'anima, ouvrit les yeux, et dit:

— « Sois le bienvenu, mon cher fils.

Et, ivre de joie, ce fils se jeta en pleurant dans les bras du père qui lui était rendu.

— Ton sang coule, Albano, dit son père,

en le repoussant avec douceur, bande ta blessure.

— Oh! laisse-le couler, ce sang; si tu meurs, je veux mourir avec toi... Combien j'ai désiré ce moment!

Et l'émotion du jeune homme s'augmentait encore des battemens plus vifs du cœur paternel, qui se mariaient aux palpitations rapides du sien.

— Fort bien, dit le père, mais arrête ton sang.

Albano roula précipitamment son mouchoir autour de son bras; et, pendant cette opération, ses yeux se reposaient pleins d'amour sur ceux de son père, qui jetaient une clarté froide et morne comme sa plaque de diamans... Dans ce moment la lune perça les nuages, et versa sa molle lueur à travers les feuilles des châtaigniers; il semblait à Albano que l'ame de sa mère venait visiter son ancienne demeure, et assister à la première entrevue de son époux avec son fils; puis, qu'elle leur disait : — Je souffrirai si vous ne vous aimez pas. Alors il s'écria, en se tournant du côté de son père, dont la lune rendait la figure plus pâle encore:

— Ne m'aimes-tu donc point?

— Cher Albano, répondit don Gaspard, il est difficile de te répondre de manière à te contenter... je suis heureux de te voir.

Mais l'orgueil du fils était digne de lutter avec celui du père; il saisit la main qui tenait le masque, et son œil perçant semblait vouloir pénétrer à travers une triple cuirasse jusqu'au cœur paternel.

— « Mon fils, dit le chevalier, j'ai encore bien des choses à te dire aujourd'hui, et il ne me reste que peu de temps, car je pars demain, et je ne sais pas combien de minutes mes palpitations de cœur me permettront de parler...»

Ainsi, pauvre fils, ce que tu avais pris pour une marque d'émotion, ce n'était qu'un symptôme de la maladie nerveuse qui agitait ton père!... Encore une illusion déçue!.. Patience, tu ne fais que débuter dans le monde: à combien de désenchantemens ne dois-tu pas encore t'attendre! Quelle ame brûlante n'a pas une fois demandé en vain de l'amour?

N'importe: continue d'aimer, et ton amour, semblable aux tendres fleurs printanières et à l'insecte ailé du mois de mai, finira par se faire jour à travers le sol glacé... Va, tôt ou tard, chaque cœur qui ne demande qu'un cœur, parvient toujours à trouver sa poitrine!

CYCLE V.

Don Gaspard conduisit son fils dans une galerie supérieure du palais, éclairée par la lune. Il tira de son portefeuille deux médaillons : l'un représentait une ravissante figure de jeune femme, avec cette devise : *Nous ne nous verrons jamais, mon fils*. « Voilà ta mère, dit le chevalier, et voici ta sœur; » et il remit les deux portraits à Albano. Les traits peints sur ce dernier étaient ceux d'une personne méconnaissable et vieillie; il y avait pour devise : *Nous nous verrons un jour, mon frère*. Don Gaspard parla ensuite de la manière suivante à son fils :

— « C'est à ta raison, mon fils, et non à ton

imagination que je veux m'adresser. Tu n'es déjà malheureusement que trop romantique aujourd'hui pour tout le romantique dont j'ai encore à t'entretenir. La comtesse de Césara aimait le solennel, et elle en donna une dernière preuve, lorsqu'à son lit de mort elle exigea que je m'acquittasse de la commission dont elle me chargeait pour toi, et que je devais exécuter aujourd'hui même, le Vendredi-Saint.

Il ajouta que sa catalepsie et ses palpitations de cœur ayant redoublé d'intensité, il se voyait forcé de partir en toute hâte pour l'Espagne, afin de mettre en ordre ses affaires, et, plus encore, celles de sa pupille, la comtesse de Romeiro. Albano fit une question à son père au sujet de sa sœur : don Gaspard lui laissa espérer qu'il la verrait bientôt, parce que, ajouta-t-il, elle et la comtesse devaient incessamment visiter la Suisse.

Comme je ne comprends pas ce qu'il en reviendra au public, si j'attache à chacune de mes phrases les inévitables, monotones, et ridicules chevilles : *il dit, il répondit,* il répliqua, je prendrai la liberté de me charger tout seul de la narration.

« Un jour, dit le chevalier, se présenteront devant vous, Albano, trois inconnus, l'un le matin, le second à midi, et le troisième le soir. Chacun d'eux vous remettra une carte sous enveloppe; ces cartes porteront seulement les noms de la ville, de la rue et de la maison où se trouve le cabinet de tableaux que vous devrez visiter dans la même nuit. Une fois dans ce cabinet, vous toucherez les clous de tous les tableaux jusqu'à ce que vous arriviez à celui qui, au moyen de la pression, fera sonner une montre à répétition cachée dans la muraille, et qui annoncera minuit. Là se trouvera sous le tableau une porte en tapisserie, derrière laquelle vous verrez une forme de femme assise, tenant à la main gauche un souvenir ouvert, et portant trois bagues aux doigts de cette même main; elle aura un crayon à la main droite. En pressant la bague du doigt du milieu, la femme se lèvera par l'action de ressorts secrets, et traversera l'appartement jusqu'à ce que le mécanisme la force de s'arrêter à un endroit désigné; là elle indiquera avec le crayon un panneau derrière lequel vous trouverez une lunette d'approche et l'empreinte en cire d'une clef de cercueil. En se servant du petit bout de la lunette, les lignes et les rides qui rendent méconnaissable le portrait de sa sœur, disparaîtront, et elle vous apparaîtra dans toute sa jeunesse et dans toute sa beauté. En retournant la lorgnette et regardant à travers le médaillon de sa mère, au lieu de l'expression juvénile des traits qu'il présente à l'œil nu, vous verrez son image telle qu'elle était au moment de mourir. Ensuite pressez le doigt annulaire ; aussitôt la figure inanimée écrira sur le souvenir, avec son crayon, des mots qui indiqueront à Albano l'endroit où est déposé le cercueil que doit ouvrir la clef dont vous aurez l'empreinte en cire. Dans le fond de cette bière se trouvera une marche en marbre noir, de la forme d'une bible, cassez-la : dans l'intérieur, vous découvrirez un noyau, duquel doit provenir l'arbre de sa vie. Si la marche de marbre n'est pas dans le cercueil, pressez le doigt auriculaire de l'automate... mais ce que cet anémoscope de votre destin devra annoncer m'est tout-à-fait inconnu. »

Je suis d'avis qu'on pourrait démonter ce bizarre testament, la montre à répétition et le rouage de l'automate, et faire comme on fait à Londres où on établit maintenant des montres qui n'ont que deux roues, sans nuire en rien au mécanisme général.

Contre mon attente, ce récit ne fit presque aucune impression sur Albano ; seulement son amour pour sa mère s'accrut de toute l'admiration qu'excitait en lui ce génie prévoyant, qui, dans toute la force de la vie, avait préparé d'avance les événemens qui suivraient sa mort; tandis que son père lui devenait plus cher encore par les efforts qu'avait dû faire sa mémoire pour retenir tant de détails, et par la fatigue que devait lui faire éprouver cette longue narration. Son attention souffrit de ces réflexions, et, dans la pensée exaltée du jeune homme, la lune qui tombait d'aplomb sur les traits du chevalier, et qui faisait ressortir la teinte bronzée de son visage, lui donnait l'air d'un nouveau colosse de Rhodes, posant un pied sur le présent et un pied sur l'avenir.

Jusque-là don Gaspard avait fait abstraction complète du *moi* égoïste; il continua ainsi :

— « Voilà ce que j'avais à te dire de la part de la comtesse; pour moi, je n'ai qu'à te témoigner la satisfaction que m'a causée jusqu'à présent ta conduite passée.

— O mon père, répliqua Albano, donnez à ma conduite future l'appui de vos leçons et de vos avis; ordonnez...

Et il suivit avec sa main la main droite

du chevalier, qui s'appuyait avec force sur le côté souffrant de sa poitrine; et lui aussi voulut maîtriser les battemens précipités de ce cœur malade, comme si, en plaçant son bras entre les rais de cette roue rapide, il eût pu en modérer les mouvemens. Le chevalier continua :

Je n'ai plus rien à te dire : la ville des Tilleuls (Pestitz) t'est maintenant ouverte; ta mère seule t'en avait interdit l'entrée. Le prince héréditaire, qui montera bientôt sur le trône, et le ministre de Froulay, qui est mon ami, deviendront les tiens; je crois qu'il te sera utile de cultiver leur connaissance. »

L'œil scrutateur de Gaspard vit bien dans ce moment que des sensations nouvelles agitaient le cœur de son fils; car ses joues, pâles d'abord, venaient de se couvrir d'une vive rougeur; mais il ne voulut pas faire d'observations, et il acheva ainsi son allocution : « Pour un homme comme il faut, les sciences et les beaux-arts, qui pour d'autres sont un but, ne doivent être qu'un moyen et qu'un délassement ; et, quel que soit ton penchant pour eux, tu donneras aux actions le pas sur les jouissances; tu sentiras que tu n'es pas né seulement pour instruire ou pour récréer les hommes, mais bien pour les pétrir et les gouverner.

» Il serait bon que tu te fisses bien venir du ministre; par lui tu arriverais à la connaissance de l'art d'administrer; car les mêmes principes et les mêmes règles qui s'observent pour le gouvernement d'une seigneurie et d'une principauté, régissent également un royaume ou un empire. Je désire également que tu te fasses aimer du prince et de sa cour; moins pour acquérir des amis que pour gagner de l'expérience. Ce n'est que par les hommes qu'on maîtrise et qu'on surpasse les hommes, et non par les livres et par la prééminence sociale. Il ne faut pas étaler son mérite pour gagner les hommes, mais les gagner d'abord et l'étaler ensuite. Ce qu'on appelle malheur n'est jamais que de l'imprudence ou de l'étourderie, et c'est plutôt à l'aide de la raison qu'à l'aide de la vertu qu'on devient redouté et heureux. Tu dois par dessus tout fuir les hommes qui te ressemblent, spécialement ceux qui sont nobles. »

La sublimité de cette mordante ironie ne consistait pas dans l'accent moqueur avec lequel don Gaspard aurait pu prononcer le mot *nobles*, mais bien dans le ton froid qu'il employa en disant ces paroles. La main d'Albano, pendant ce discours, avait suivi les mouvemens de celle de son père, et maintenant elle reposait, non sur son cœur, mais sur l'agneau de métal qui y était appendu. Notre jeune homme, ainsi que tous les jeunes gens et les ermites, s'était fait une idée exagérée des courtisans et des gens du monde ; il les regardait comme des basilics et des dragons ; — (non pas que je puisse dire s'il entendait par ces mots, comme les naturalistes, qu'un basilic était un lézard sans aile, et un dragon un lézard ailé, et si par conséquent il les considérait comme de froids et funestes amphibies, ainsi que Linné les définit).—De plus, il nourrissait (et c'est la faute de Plutarque, ce corrupteur des jeunes gens, dont il était fait pour être le biographe tout comme moi) plus de colère que de respect pour l'artolâtrie (culte du pain) de notre siècle qui, changeant de doctrine, veut maintenant faire du pain son Dieu; pour cet abaissement de l'esprit humain, qui conduit à chercher, non pas ce qui est plus honorable ou plus glorieux, mais ce qui fait le mieux vivre.—Il est une belle époque dans la vie, où le jeune homme et la jeune fille ne veulent point entendre parler, l'un d'emploi, l'autre d'époux ; mais plus tard ils changent tous deux d'idée, et finissent quelquefois par s'unir dans leurs penchans comme ils s'étaient accordés dans leurs répugnances.

Pendant que le chevalier traçait ces règles de conduite, que ne blâmera aucun homme du monde, il s'élevait dans l'ame de son fils un noble sentiment d'orgueil et d'amour pour ses semblables ; il lui semblait qu'une intelligence céleste attirait vers elle son cœur et son corps, et planait avec lui au-dessus de cette mesquine arène où se débattent en rampant les hommes de notre siècle..... Les grands hommes d'un plus grand siècle passaient devant lui sur leurs chars de triomphe, et lui faisaient signe de se rapprocher d'eux..... A l'orient était Rome, devant lui l'amphithéâtre des Alpes; un sublime passé à côté d'un sublime présent.....Il sentit qu'il y avait en lui quelque chose de plus divin que la sagesse et que la raison, et il répondit à son père :

— « Cette journée a fortement remué mon cœur; mon émotion m'empêche tout à la fois de parler et de réfléchir; je verrai les hommes, je me frayerai un chemin à travers eux, mais je méprise la route fangeuse qui conduit au but; je veux atteindre la surface de l'Océan du monde en nageant; je ne veux pas y flotter comme un cadavre que sa corruption seule soutient sur l'eau... Oui, mon père, que le destin jette une tombe sur ma poitrine le jour où j'aurai perdu ma vertu, mon Dieu et mon cœur !..

Albano parlait avec cette chaleur, parce qu'il éprouvait une indéfinissable vénération pour l'ame forte de son père; il songeait aux angoisses et à la longue agonie de cette vie si énergique. Il voyait s'élever devant lui les restes de fumée d'un grand incendie maintenant éteint; et, jugeant de l'ame du chevalier d'après les sensations de la sienne, il s'imaginait qu'elle ne s'était rétrécie et ternie que par son contact avec des hommes aux cœurs sales et froids, de même qu'on ne volatilise les diamans qu'au moyen d'une couche de charbon de forge éteint.

Don Gaspard, qui blâmait rarement, et toujours avec modération, les hommes, non par amour, mais bien par indifférence, répondit avec douceur à son fils :

— « Cette chaleur est digne d'éloges. Tout se fera avec le temps... Maintenant allons souper. »

CYCLE VI

Nos insulaires choisirent pour salle à manger une des chambres du palais veuf des Borromées. Chacun loua de son mieux l'Isola Bella. Augusti et Gaspard la portèrent aux nues, dans un style clair et léger ; mais don Gaspard avec plus d'antithèses. Quant à Césara, un nouveau monde était déroulé par lui ; un nouveau sang coulait dans ses veines. L'intendant des bâtimens saisit l'occasion de faire l'éloge du goût et de la bourse du prince héréditaire, qui, aidé de ces deux véhicules, emportait dans sa patrie, sinon des artistes, du moins leurs chefs-d'œuvre, et qui, dans ce but, envoyait Dian en Italie pour y copier les antiques; il ajouta que les Allemands ne s'occupaient jamais d'une beauté isolée sans y avoir un intérêt spécial.

— « Une beauté, dit-il, que nous ne pouvons ni rôtir, ni mettre à l'enchère, ni vêtir, ni épouser, n'a pour nous d'autre mérite que sa valeur intrinsèque. Les beautés créées par l'art sont employées chez nous à orner des objets qui les font ressortir et leur donnent un nouveau lustre. Par exemple, vous ne trouverez d'excellentes madones que dans le journal des Modes; de Camées que sur des tabatières; de gemmes que sur des cachets; de belles empreintes de têtes princières que sur des écus ou sur les couvercles des pots-à-beurre bavarois, les uns et les autres avec un *quantum sufficit* d'étain; de roses et de lis que sur nos femmes tatouées de rouge et de blanc. C'est ainsi que Van Kabel, lorsqu'on lui commandait un lièvre, exigeait, avant de le peindre, un modèle fraîchement tiré, pour le copier et le faire rôtir; que le peintre Calkar peignait de fort beaux bas, mais il fallait qu'il les eût à ses jambes. Il en est de même de nos statues, ce ne sont point des personnes qui vivent dans l'oisiveté; toutes exercent un état particulier : les cariatides portent des maisons ; les anges, des bénitiers, ou des fonts-baptismaux ; les tritons et les naïades distribuent l'eau des fontaines dans nos jardins.

Comme l'intendant s'aperçut que son opinion n'était pas partagée par tout le monde, il continua ainsi :

— Le peu que je viens de dire à la louange de l'esprit d'ordre des Allemands me paraît rencontrer des contradicteurs. Mais les petites couronnes de laurier dont j'ai couvert le crâne du colosse impérial, ne m'empêchent pas de voir les endroits où il est chauve. Il est fort heureux que Socrate et Jésus-Christ ne se soient pas avisés d'enseigner leurs dogmes philantropiques dans les rues de Hambourg, de Vienne ou de Berlin; car on n'aurait pas manqué de leur demander s'ils avaient des moyens d'existence; faute de quoi on les eût infailliblement emprisonnés comme vagabonds et gens sans aveu. Quant à la poésie, monsieur le Chevalier, les habitans des villes impériales en font très-peu de cas, ils s'en tiennent à leurs libertés d'Empire, qui les obligent à agir et à marcher avec lenteur, sagesse et posément ; et ils se trouveraient fort embarrassés des écarts, des élans, et du dévergondage auxquels conduisent les libertés poétiques. Est-ce donc un tort?... Faut-il critiquer l'excellent habitant des villes allemandes s'il passe une serviette autour de son cou, quand il veut pleurer, afin de ne pas tacher son gilet de satin? S'il verse des larmes en écrivant une lettre de condoléance, il a soin de les ponctuer régulièrement comme autant de points d'interruption. Ce sont là des qualités qui doivent nous laver du blâme qu'on déverse sur nous autres, pauvres Allemands! »

CYCLE VII.

Quelle nuit merveilleuse devait succéder à ce merveilleux jour !

Chacun des membres de la société alla chercher le repos dans quelque appartement du château ; Albano seul, dont le sang était trop en fermentation pour qu'il pût consentir à s'enfermer dans un de ces cachots qu'on appelle chambres à coucher, résolut de passer la nuit sous les citronniers de l'île, avec l'herbe soyeuse pour lit de plumes et le pavillon du ciel pour dais. Qu'il est beau en effet d'ouvrir les yeux le matin, au milieu d'une ravissante nature, de les laisser errer çà et là sur des fleurs, sur des fruits, sur un univers magique qui semble attendre ton réveil, roi de la création !... Allez donc vous endormir en Allemagne, en vous enfonçant dans une montagne d'édredon, pour avoir en perspective, en vous éveillant, les quelques aunes d'indienne de votre baldaquin !...

Fatigué des épreuves de la journée, Albano voyait déjà le jardin, les montagnes, le ciel et les forêts se confondre en une seule masse informe; et, pour la dernière fois avant de se clore, ses yeux erraient sur la terrasse qui lui faisait face, lorsqu'il en vit descendre lentement et s'approcher de lui une figure vêtue entièrement de noir, sur la poitrine de laquelle était peinte une tête de mort. Quand elle fut arrivée près de lui, elle se pencha sur lui et dit :

— Songe à la mort ! tu es Albano de Césara ?

— Oui, répondit le jeune homme, mais toi, qui es-tu ?

— Je suis, répliqua d'une voix tremblante la figure noire, je suis le *père de la mort* [1] ; je tremble, non point par peur, mais par habitude.

---

[1] Un des membres de l'ordre de saint Paul, ou *memento mori*, qui s'éteignit en France dans le dix-septième siècle. Ils s'adressaient toujours, en s'abordant, les mots : Songe à la mort.

Les membres de cet homme tremblaient en effet d'une manière si remarquable, qu'on croyait entendre le craquement de ses jointures. Césara avait souvent dans son enfance désiré une aventure funèbre et fantastique; elle était venue : suivant attentivement le moine de l'œil, il se prépara à subir toutes les conséquences de cette apparition. L'homme noir dit :

— Porte tes regards sur l'étoile du soir, et dis-moi quand elle disparaîtra : car ma vue est faible.

— Il y a encore trois étoiles entre elle et les Alpes, répondit Albano.

— Au moment où elle cessera d'être visible, continua le moine, ta sœur rendra l'ame en Espagne, et sa voix descendra du ciel pour te parler ici...

A peine un des doigts glacés de la froide main de la terreur toucha le cœur de Césara, quand ces paroles retentirent; c'est qu'il se trouvait, non pas enfermé dans les étroites limites d'une chambre, mais au milieu d'une large et magnifique nature qui étendait autour de lui sa double cuirasse, ses montagnes et ses étoiles ; il se tourna vers le prêtre, saisit d'une main ses deux mains décharnées et lui demanda résolument :

— Qui es-tu ? que sais-tu ? que veux-tu ?

— Tu ne me connais pas, dit avec calme le père de la mort, je suis un Zahouri[1], et je viens d'Espagne par l'ordre de ta sœur ; je vois les morts sous la terre, et je sais d'avance quand ils doivent apparaître et parler ; mais je ne puis ni voir leurs apparitions sur terre, ni entendre leurs paroles.

Dans ce moment il jeta un regard perçant sur le jeune homme que venait de recouvrir une pâleur mortelle : car une voix de femme, qu'il reconnaissait, murmurait à son oreille ces mots :

— Prends la couronne, prends la couronne, je t'y aiderai ? Le moine demanda :

— L'étoile du soir a-t-elle disparu ?... Te parle-t-on ?

Césara regardait en l'air autour de lui, et il ne put répondre. La voix qui venait du ciel parla de nouveau, et redit les mêmes paroles. L'homme noir le devina, et dit :

— En Allemagne ton père a déjà entendu ta

---

[1] On suppose en Espagne que les Zahouri aperçoivent à travers la terre les corps morts et les métaux.

mère de la même façon; mais il m'a fait languir long-temps dans les fers, parce qu'il crut que je le trompais.

Au nom de son père, dont l'incrédulité lui était bien connue, Albano, qui tenait toujours les mains du moine, l'entraîna vivement au bas de la terrasse pour observer si la voix les suivrait. Le vieillard sourit, et la voix reprit, toujours à la même distance :

— Aime la belle, aime la belle, je t'y aiderai?

Ils se trouvaient sur le rivage; une barque y était amenée, mais Albano l'avait déjà remarquée dans la journée. Le moine, qui soupçonnait que le jeune homme pensait que la voix était cachée dans quelque bosquet, lui fit signe de le suivre dans la gondole. Césara, confiant dans sa force physique et morale et dans son adresse de nageur, entra hardiment avec le vieillard dans la barque, et ils poussèrent au large; mais combien tressaillirent de crainte toutes les fibres de son corps, lorsque, non-seulement retentirent à son oreille les mots : « Aime la belle que je te montrerai, je t'y aiderai; » mais encore lorsqu'il vit sortir des flots une forme de femme, aux longs cheveux bruns, et aux yeux noirs, que l'eau baignait jusqu'à la ceinture; c'était une nouvelle Vénus sortant de l'onde !

Au bout de quelques secondes, la déesse disparut sous une vague, et la voix reprit :

— Aime la belle que je t'ai montrée ?...

Le moine priait pendant toute cette scène : impassible, il ne voyait ni n'entendait rien ; enfin il dit :

— Le jour de la fête de l'Ascension prochaine, à l'heure de ta naissance, tu auras à côté de toi un cœur qui n'est dans aucune poitrine, et ta sœur te dira le nom de ta fiancée.

Albano était hors d'état de suivre le fil d'une idée; sa raison et son courage l'avaient entièrement abandonné : pendant qu'il ramait pour retourner dans l'île, il n'osa jamais jeter les yeux sur son étrange compagnon, tant il s'attendait à le voir se changer en une effrayante apparition. A peine l'entendit-il, lorsque en le quittant, le moine lui dit : — Il est possible que je revienne le prochain Vendredi-saint. Il saute dans un petit bateau qui parut tout à côté de la barque, et disparut bientôt derrière, ou sur la petite île des pêcheurs (Isola Peschiere).

Durant une minute, Albano demeura comme étourdi, et le jardin, le lac, le ciel ne lui semblaient qu'un énorme nuage... il ne songeait à rien, il ne s'apercevait pas même s'il vivait. Toutes ces vapeurs, qui obscurcissaient le cerveau du jeune homme, se dissipèrent au souffle du bibliothécaire Schoppe, qui sifflait gaiement à la fenêtre de sa chambre à coucher; c'en fut assez. Il retrouva la terre et la certitude de son existence. Schoppe, que la chaleur empêchait de dormir, descendit dans le jardin pour aller se coucher sur la dixième terrasse; il observa l'excessive agitation du jeune comte; mais il y était accoutumé, et il ne chercha pas à en approfondir la cause.

CYCLE VIII.

Les plaisanteries, et non les raisonnemens, réussissent à fondre la glace qui arrête les mouvemens des rouages de notre machine. Au bout d'une heure de causerie, il ne restait plus dans l'esprit de Césara que deux sensations, l'une de colère, l'autre de plaisir; la première, parce qu'il se reprochait de n'avoir pas conduit par son froc le moine devant son père; l'autre, parce qu'il se rappelait la forme gracieuse qui lui était apparue sur le lac, et qu'il voyait pour lui dans l'avenir un vie féconde en aventures.

Enfin le sommeil s'empara de ses sens, mais la nuit elle-même ne devait point voir finir ses angoisses. Il fit le rêve suivant :

Il était sur le cratère de l'Hécla ; une puissante colonne d'eau l'élevait jusqu'à mi-chemin du ciel. Bien loin dans les champs de l'Ether se formait une immense nuée d'orage, semblable à un dragon gonflé d'étoiles qu'il avait dévorées ; elle s'avançait vers lui ; plus bas un petit nuage clair lui apparaissait, du sein duquel jaillissaient une tache rouge, semblable à un bouton de rose, ou à deux lèvres, puis une bande verte comme une écharpe ou comme une branche d'olivier, et une bague de perles ou de pensées... Enfin, au-dessus du rouge s'entr'ouvrit un peu la nue, et un bel œil bleu en sortit ; il regardait tendrement Albano. Il tendait la main pour atteindre cette forme aérienne, mais la colonne d'eau qui le soutenait n'était pas assez élevée, il ne pouvait y atteindre. Du gros nuage noir tombèrent des grêlons ; mais en tombant ils se changeaient en neige, puis en gouttes de rosée... l'écharpe voltigeait toujours dans l'espace. Alors Césara s'écria :

— Je veux répandre toutes mes larmes, afin qu'elles grossissent la colonne d'eau et que je puisse parvenir jusqu'à toi, bel œil bleu !... Et cet œil bleu était humide d'amour et de volupté. La colonne se gonfla, la nuée d'orage poussa devant elle le petit nuage, mais il ne put encore le toucher... Désespéré, il s'ouvrit les veines en disant :

— Bien-aimée, je n'ai plus de larmes, mais je veux répandre tout mon sang pour arriver jusqu'à ton cœur.

Ces flots de sang grossirent encore la colonne, elle monta plus haut et plus vite... L'éther azuré s'envola, la nuée d'orage créva, et de son sein sortirent toutes les étoiles qu'elle avait absorbées, et leurs rayons illuminèrent l'espace... Le petit nuage inondé de clarté s'approcha de la colonne... l'œil bleu s'ouvrit lentement et se ferma soudain ; puis un soupir s'échappa du nuage, et il disait :

— Attire-moi sur ton cœur !... Oh ! alors Césara étendit les bras au milieu de ces flots de lumière, il dissipa le nuage et pressa contre lui une blanche forme... Mais c'était de la neige et elle se fondit à la chaleur brûlante de son cœur... La bien-aimée disparut et devint une larme qui tomba dans la poitrine d'Albano et brûla son cœur qui semblait s'anéantir... il ouvrit les yeux, et...

Quel réveil céleste ! ce petit nuage blanc planait encore dans le ciel au-dessus de lui, c'était l'astre calme et majestueux de la nuit.

Pendant son sommeil le mouchoir qui entourait sa blessure avait glissé, et elle s'était rouverte. Il le rattacha..., puis il entendit au-dessous de lui un bruit semblable à celui de plusieurs rames battant l'eau ; il se pencha sur la balustrade de la terrasse, et il aperçut son père et Dian qui traversaient le lac... Ils partaient sans lui dire adieu. Il lui sembla qu'on arrachait une à une les feuilles de son arbre de vie. Oh! combien le souvenir de cette nuit t'a poursuivi, pauvre Albano, dans le cours de ton existence ! Ce futur isolement lui faisait mal, son cœur se brisait. Il étendait les bras vers ce couple qui le fuyait... L'exaltation produite par son rêve crispait encore les fibres de son cerveau... Il prêtait à ce père qui l'abandonnait quelques-uns de ces sentimens d'amour dont son cœur était une source féconde, et il s'écriait douloureusement :
— Mon père, tourne les yeux de mon côté... Peux-tu donc me quitter ainsi, sans m'adresser une parole d'adieu?.. Et toi aussi, Dian!..

Dian lui envoya des baisers avec la main, et don Gaspard posa la sienne sur son cœur malade. Albano pensa à la catalepsie, froide copie de la mort, et, pour rendre à son père toute la force et toute l'énergie de la jeunesse, il aurait volontiers étendu son bras sur les flots et fait une libation de son sang... Il leur cria : Adieu ! adieu !

Ah ! jeune homme aux fortes passions, quel océan d'amour coulera de ton cœur dans celui qui battra un jour pour toi !...

Il sentit le besoin d'épancher son ame dans une autre ame; il éveilla Schoppe et lui montra la barque qui glissait sur le lac; mais pendant que le bibliothécaire murmurait à la hâte quelques mots de consolation, lui n'écoutait pas, et son œil ardent suivait dans le lointain ce point noir qui emportait toutes ses espérances.

CYCLE IX.

Augusti se joignit aux deux voyageurs et leur proposa une excursion sur l'Isola Madre; mais Albano les pria de la faire sans lui et de le laisser seul, parce qu'il éprouvait le besoin de se reposer. Le Lecteur s'aperçut alors pour la première fois des ravages que le moine, le songe, l'insomnie, la blessure, avaient faits sur le visage, hier si animé et aujourd'hui si pâle, du jeune homme. Augusti prit ce désir de solitude pour un caprice, et je n'en suis pas étonné: peu de gens comprennent qu'on ne puisse se promener qu'avec un petit nombre de personnes, je dirai plus, qu'avec deux êtres seulement : l'ami du cœur ou la bien-aimée.

Qu'il se trouva heureux, Césara, lorsqu'enfin il put donner un libre cours à ses pensées, à ses larmes, qu'il aurait été honteux de laisser voir, et qui cependant l'ennoblissaient à ses yeux. Il avait cru jusque-là, et c'est une erreur commune à beaucoup de jeunes gens, qu'il possédait un cœur plutôt dur que tendre, et très-difficile à émouvoir. Mais sa faiblesse actuelle le désabusait complétement; tout l'attendrissait dans la nature; chaque objet qui lui rappelait un souvenir rendait son œil humide... Il aurait voulu couvrir de baisers ses parens adoptifs de Blumenbuh et son père malade, qui l'était justement au printemps, époque où d'ordinaire la mort pare de fleurs ses victimes avant de les immoler; et sa sœur, cachée dans la nuit obscure du passé, dont la voix post-mortuaire avait retenti à son oreille comme un horrible signal. Il songeait aussi à un être merveilleux qui lui était apparu, à ces traits qu'il ne connaissait pas et qui devaient être surhumains, à cet avenir si rempli d'aventures que le ciel paraissait lui réserver, à cette prophétie enfin qui devait lui être expliquée à l'heure de sa naissance, le jour de l'Ascension, et ce jour était si près!...

Soudain Albano tressaillit, comme si la déesse de l'amour se fût violemment emparée de son cœur, et l'eût préparé à une future apparition. Il venait de jeter les yeux sur un arbuste des Indes, qui portait une étiquette avec le mot *Liane*. Ce nom lui sembla un avertissement céleste; il regarda avec amour ce bel arbuste, et s'écria: « O bien-aimée Liane!.. » Puis il avança la main pour en casser une branche, mais il réfléchit qu'il en sortirait de l'eau, et il dit:

— Non, chère Liane, ce ne sera pas par moi que tu verseras des larmes.

Et il renonça à ce projet en se rappelant que cet arbrisseau était en rapport, d'une manière quelconque, avec un être chéri et inconnu. Alors il tourna ses yeux humides de désirs sur les Alpes, ces portes glorieuses de l'Allemagne... Il lui sembla, dans un nuage transparent, reconnaître la forme blanche de son rêve, qui lui souriait, et il crut entendre au loin les sons mourans de l'harmonica... Afin d'avoir sous les yeux quelque chose d'allemand, il tira de sa poche un petit portefeuille sur lequel sa sœur adoptive Rabette avait écrit ces mots: « Pense à nous. » Sa solitude commençait à lui peser, et il fut content en voyant ses amis revenir de l'Isola Madre.

O Albano! quelle matinée c'eût été pour un esprit comme le tien, dix ans plus tard, lorsque, fleur tout-à-fait épanouie, tu marcheras dans ta vigueur native! Ton ame aurait vu s'ouvrir devant elle deux mondes différens, double anneau de Saturne; celui du passé à côté de celui de l'avenir; d'un œil avide tu aurais dévoré l'espace qui te séparait du but, et, te reportant en arrière, compté l'espace déjà parcouru : tu aurais nombré tes méprises, tes faux pas, et regretté une irréparable prodigalité de sentimens et de pensées. Aurais-tu pu regarder le sol sur lequel tu marchais sans te demander : «Les mille quatre secousses[1] qui ont agité cette terre et mon cœur auront-elles fécondé celui-ci comme elles ont fécondé celle-là ? Oh ! quel malheur que nous n'acquérions notre expérience qu'en la puisant au fond de nos jours, de nos forces, de nos erreurs!... Oh! pourquoi l'homme, en présence de la nature qui chaque matin place à intérêts dans les fleurs chaque goutte de rosée, est-il forcé de rougir des milliers de larmes qu'il a versées sans but et sans profit? La

---

[1] En 1785, il y a eu en Calabre, dans l'espace de neuf mois, mille quatre secousses de tremblemens de terre.

puissante qu'elle est, des printemps elle tire des étés, des hivers des printemps, des forêts et des montagnes, des volcans... Et nous, enfans insensés, nous ne savons point tirer un avenir du passé. Inutiles que nous sommes ! Le torrent des esprits supérieurs passe sur la terre sans la fertiliser, comme les eaux des hautes cataractes ne laissent sur leurs rivages qu'une humide fumée !... »

Césara accueillit ses amis avec joie ; mais le temps lui pesait, il ressemblait à ces voyageurs qui viennent de faire leurs malles dans leur chambre et de payer leur hôte, et qui attendent dans la cour qu'on amène leurs chevaux. De nouveaux et contraires projets s'entre-choquaient de minute en minute dans son cerveau ; il pria ses compagnons d'avancer d'un jour le départ. Dans cette même après-midi, il dit adieu à l'île de son enfance ; et, suivant la belle avenue de châtaigniers qui conduit à Milan, il fit les premiers pas sur ce nouveau théâtre où tant de scènes allaient se jouer avant qu'il atteignît la trappe du souterrain dans lequel tant d'énigmes devaient l'égarer. . . . .
. . . .
. . . .

. . . .
. . . .
. . . .

―

Prologue-programme de Titan.

Avant de dédier Titan à monsieur le conseiller intime de légation de Hafenreffer, prévôt des fiefs de Flachsenfingen, je lui en demandai la permission de la manière suivante:

« Comme vous avez plus contribué à cette
» histoire que la cour de Russie à l'histoire de
» Pierre-le-Grand, par Voltaire, vous ne pou-
» vez rien m'accorder de plus flatteur pour
» mon cœur reconnaissant, que la permission
» de vous offrir en sacrifice et de vous dédier,
» comme à Dieu, ce que vous avez créé. »

Il me fit sur-le-champ la réponse suivante:
« Par la même raison, vous pourriez,
» comme Sonnenfels, vous dédier plus con-
» venablement encore à vous-même votre ou-
» vrage; d'autant mieux que vous réunissez
» dans votre seule personne le double titre
» d'auteur et de patron. Souffrez (à cause de
» messieurs*** et de madame***) que je me

» tienne tout-à-fait en dehors du jeu que
» vous jouez ; et, quant à vous, renfermez-
» vous, je vous prie, dans les bornes les plus
» étroites quand vous rédigerez la notice
» que vous croirez devoir donner au public
» relativement à la part mécanique que j'ai
» pu avoir à votre bel ouvrage ; mais surtout,
» pour l'amour de Dieu... *hic hæc hoc hujus*
» *huic hunc hanc hoc hoc hac hoc.*

» De Hafenreffer. »

Les mots en italique sont un chiffre, et je désire qu'ils restent obscurs pour le public.

Mais ce que le susdit public a le droit d'exiger, consiste en quatre explications de noms et en une explication de choses.

Je trouverai chez le sur-intendant Franke la première explication de nom, relative aux mots *période de jubilé* : il a fait consister dans une ère de 152 cycles, dont chacun renferme ses belles et bonnes 49 années tropicales luni-solaires. Le sur-intendant a fait choix du mot jubilé parce que, à chaque septième et à chaque quarante-neuvième année, il y avait un petit ou un grand jubilé d'une année, durant lequel on vivait sans dettes, sans travaux de labourage ni d'aucune sorte, et sans vasselage ou domesticité. Il me semble que j'ai fait choix là d'une expression assez heureuse; car en intitulant *période du jubilé* mes chapitres, je promène mes aimables lecteurs et lectrices dans un cercle enchanteur d'heures de repos, de délassemens, de dimanches ou de jubilés, pendant lesquelles ils n'auront rien à semer ni à payer, mais bien à recueillir et à recevoir; tandis que moi, seul corvéable, attaché à la glèbe, ou à mon pupitre, j'accapare pour moi exclusivement les peines, les semailles et les dettes. On trouvera également dans mon ouvrage les 7448 années que contient, selon Franke, la période de jubilé, mais dramatiquement résumée; c'est-à-dire que je donnerai au lecteur dans chaque chapitre le même nombre d'idées, qui sont bien la véritable mesure cubique du temps, jusqu'à ce qu'il ait trouvé ce temps aussi long que le chapitre le demandera.

Cycle: second mot sujet à explication, et qui maintenant n'en a pas besoin.

La troisième définition de nom a trait aux feuilles *obligées* que je réunis à mon aise en cahier pour chaque *période de jubilé*. Ces feuilles *obligées* sont celles qui ne renferment que des faits en rapport avec mon héros ou avec les personnages qui gravitent autour de lui. Impossible que je m'y permette la plus légère digression : les bienheureux lecteurs et lectrices se promènent sans encombre dans l'arène d'un long volume, accompagnés toujours de figures historiques, de corps marchans, chevauchans, volans, de comédiens et de figurans; enfin ils ne peuvent pas se rassasier des belles choses qu'ils y voient.

Mais à peine ce volume-là est-il parachevé, qu'un autre tout petit le suit immédiatement (quatrième explication de nom), volume dans lequel je mets tout ce qui me semble bon, excepté toutefois des récits ou des évènemens qui fassent faire un seul pas à l'intrigue; j'en serais au désespoir. Marchant alors dans ma force et dans ma liberté, tout entier à mon bonheur, je voltige de côté et d'autre, pompant avec mon aiguillon d'abeille tout le nectar des fleurs que j'aime, et courant ensuite dans ma ruche, d'une cellule à l'autre. Enfin ce petit volume, destiné à mes rêveries et à mes digressions, est mon bien, ma chose, et je pourrais à bon droit le nommer ma lune de miel; car j'y fais moins de miel que je n'en mange, et je suis bien moins une abeille travailleuse qu'un honnête propriétaire de ruches. Jusqu'à présent, il est vrai, j'avais cru que chaque lecteur séparerait le passage heurté de ma comète satirique du passage régulier de mes planètes, et je m'étais demandé : — L'unité d'une histoire souffre-t-elle, dans une publication mensuelle, de ce que cette histoire est coupée à la fin d'une livraison, pour être reprise au commencement de la suivante; et, par exemple, les lecteurs auraient-ils été fortement désappointés si, parfois dans les Horen-Jahrgangen, l'histoire de Cellini s'était trouvée interrompue à la fin d'un cahier, pour être suivie dans le cahier subséquent de la continuation d'une autre histoire?

Il s'était formé en 1795, à Bruxelles, une société de médecins qui firent entre eux un *contract social*, en vertu duquel chaque membre serait condamné à l'amende d'un écu pour chaque mot non-médical ou extra-médical qu'il prononcerait pendant les séances. Cette idée porta ses fruits : le 9 juillet, il est à la connaissance de tout le monde qu'un édit semblable fut rendu contre les biographes, par suite duquel chacun devait rester à son affaire, c'est-à-dire à son histoire, sous peine de réprimande. L'esprit de l'ordonnance est celui-ci : Si un biographe, dans une histoire universelle en 20 volumes, ou même plus longue, comme peut-être celle-ci, se permet de penser ou de rire une ou deux fois, ce qui signifie faire une digression, l'inculpé sera placé sur un pilori critique, châtiment qu'on m'a déjà plus d'une fois infligé.

Maintenant je donne aux choses une tout autre tournure : 1° je fais, à peu d'exception près, deux lots séparés du corps d'histoire et des digressions; 2°, ce qui n'était qu'une licence dans mes autres ouvrages, je compte en user comme d'un droit, comme d'une servitude acquise par prescription. Que le lecteur se rende à discrétion en apprenant que, désormais, après un volume de *périodes du jubilé,* il paraîtra une *lune de miel.* J'ai vraiment honte quand je songe que je me suis présenté devant le lecteur, le bâton blanc à la main, pour lui demander, en guise d'aumône, la permission de faire quelques petites digressions, tandis que j'avais le droit de prendre de force ce que je réclamais comme faveur.

J'arrive actuellement au conseiller intime de légation de Hafenreffer, qui est l'objet de mon explication de choses.

J'avais promis dans ma quarante-cinquième poste aux chiens [1] de faire un jour connaître la personne qui gouvernait Flachsenfingen:... c'était mon père. Dans le fait cependant, une exaltation de rang aussi signalée était plutôt un pas qu'un saut; car j'étais déjà étudiant en droit, et le germe d'un docteur *utriusque* au maillot; par conséquent gentilhomme; car il y a dans un docteur toute l'étoffe nécessaire pour faire un chevalier, et lorsque quelque chose de bon à prendre passe à portée de l'un ou de l'autre, ils ne manquent pas d'en faire leur profit : on vole tout aussi bien dans un cabinet que dans un château-fort. Du reste j'ai fort peu changé depuis mon avancement, si ce n'est que j'ai établi maintenant mon domicile dans le château paternel de Flachsenfingen, qui est devenu le mien.

Afin de ne pas manger mon pain dans l'oisiveté, j'ai assumé sur moi tout le département des affaires étrangères de Flachsenfingen, y compris la chancellerie déchiffrante. Nous avons un procurateur à Vienne, deux résidens dans cinq villes impériales, un se-

---

[1] *Hund post tage*, titre que portent les chapitres d'un autre roman du même auteur, qui s'appelle *Hesperus*.

crétaire à Ratisbonne, trois employés à la chancellerie aulique et un *envoyé* muni de pleins pouvoirs accrédité près d'une cour très-importante et très-connue, non loin de Hohenfliess, lequel envoyé n'est autre que le susdit conseiller intime de Hafenreffer; mon père a même prêté à ce dernier un service d'argenterie, que nous lui laissons jusqu'à ce qu'il reçoive son rappel, parce qu'il est de notre intérêt que, par son luxe, un ambassadeur de Flachsfingen fasse honneur dans l'étranger au pays qu'il représente.

Dans un poste tel que le mien, il n'y a pas à plaisanter; toutes les sociétés de légations, de lecture et d'écriture m'écrivent ou adressent leurs lettres sous mon couvert; le *chiffre banal* et le *chiffre déchiffrant* sont entre mes mains, et j'en connais toute la rubrique. C'est incroyable tout ce que j'apprends par ce moyen : les hommes pris en massse ne pourraient pas lire, et des chevaux ne pourraient pas traîner l'immense quantité d'embryons de nouvelles biographiques, (je ne les laisse pas venir à terme), que m'envoie le corps diplomatique à chaque jour de courrier...

J'en reviens à mon ambassadeur de Hafenreffer. Cet excellent seigneur m'envoie de mois en mois, de la cour importante auprès de laquelle il est accrédité, et sans nuire à son travail officiel, un million de particularités relatives à mon héros de Hohenflies; tout ce qu'il peut glaner de côté et d'autre, ou surpendre au moyen de ses sept truchemens de légation, ou *clairvoyans*. Les plus petits incidens lui suffisent pour une dépêche. Ce n'est pas ainsi que se conduisent les autres ambassadeurs, qui ne font part dans leurs rapports que des événemens assez majeurs pour prendre place dans l'histoire universelle. Hafenreffer a dans chaque cul-de-sac, dans chaque chambre de domestique, dans chaque mansarde, je dirai même dans chaque cheminée et dans chaque auberge, d'honnêtes et excellens espions qui commettraient dix péchés plutôt que de manquer à découvrir une vertu de mon héros. Il n'est donc pas étonnant que mon œuvre réussisse au-delà même de mes désirs, et qu'il finisse un jour par être traduit librement dans les langues qu'on parle dans Sirius, ou dans Uranus. Il n'y a pas jusqu'au compositeur qui imprime mes *errata*, qui ne s'imagine avoir droit à un peu de ma gloire.

Le Titan ici présent jouit encore d'un

avantage particulier : j'habite la cour de mon père dont je suis l'ornement. Je suis donc bien placé pour connaître certains péchés que le destin a relégués fort sagement dans les classes élevées. Ainsi dans les navires on place au haut des mâts l'assa-fœtida qu'ils vont chercher en Perse, afin de ne pas contaminer la cargaison du bâtiment.

J'ai en outre des dénonciateurs biographiques et des familiers que mon père solde dans plusieurs villes allemandes; dans la plupart un, mais à Leipzig, deux ; à Dresde, trois ; à Berlin, six ; et à Vienne, six par chaque quartier. Des machines ainsi organisées pour rapprocher les distances ont cela de commode qu'un auteur peut voir de son lit ce qui se passe dans la rue, et, retranché derrière son écran, au fond d'une rue obscure, parcourir d'un coup d'œil un rayon de vingt lieues. Peut-être l'une ou l'autre de ces semaines, un homme fort tranquille, fort posé, que personne ne connaît que son barbier, dont la vie n'est qu'un ténébreux cul-de-sac, mais sur la piste duquel un de mes familiers aura appliqué un de ses miroirs (lequel réfléchira jusqu'au gilet de flanelle et reproduira chaque pas de cet homme dans mon cabinet de travail à trente lieues de là), cet excellent citoyen, dis-je, pourra un beau jour en feuilletant quelques ouvrages nouveaux chez son libraire, tomber sur la page 371 d'un des miens sortant tout humide encore de la presse, et y trouver ses cheveux, ses boutons, ses boucles et ses verrues, copiés aussi fidèlement qu'on prend en France sur des pierres l'empreinte des plantes indiennes. Cela ne fait rien...

Mais de ce que mon histoire, au lieu d'être bâtie en l'air, se trouve formée par des dépêches authentiques, il s'ensuit que je me vois obligé de prendre autant de peine pour la chiffrer et la rendre incompréhensible qu'un autre en prendrait pour embellir et simplifier la sienne. Ce n'est pas un petit miracle, certes, que personne ne soit encore parvenu à découvrir le véritable nom de mon histoire, et que dans toutes les conjectures auxquelles elle a donné lieu, pas une n'ait eu le sens commun. Ce qui, par paranthèse, n'est pas un médiocre avantage pour le public; car, aussitôt que quelqu'un aura deviné un des noms si bien chiffrés des premiers volumes de Titan, je renverserai mon encrier et n'en publierai pas une syllabe de plus.

Chez moi on ne peut rien inférer des noms, car je choisis les parrains de mes héros d'une manière tout-à-fait originale. Par exemple, le soir, pendant le roquage et le bricolage des armées allemandes, lors de leurs croisades vers le saint sépulcre de la liberté, ne me suis-je pas promené dans tous les sens entre les tentes, mes tablettes à la main, pour recueillir les noms de ces soldats qu'on invoquait comme autant de saints, avant de se mettre au lit, et qui tombaient morts ou prisonniers pour prendre place ici parmi mes héros ? Le mérite n'a-t-il pas trouvé par-là de l'avancement chez moi ? Plus d'un simple soldat n'a-t-il pas reçu dans mon livre le blason ou l'écu d'un gentilhomme ? n'est-il pas devenu manteau-rouge parmi les *patres purpuratos ?* Et jamais personne dans toute l'armée a-t-il élevé la voix contre ce corps d'observation mobile qui errait de toute part sur deux pieds ?

Je suis un bon modèle, un excellent chef de file pour les auteurs qui veulent tout à la fois raconter des histoires véritables et les déguiser. J'ai étudié, plus qu'aucun autre historien, l'art de disloquer innocemment une histoire au point de la rendre méconnaissable aux yeux mêmes de son héros ; et je crois, sans vanité, savoir parfaitement comment on écrit les histoires des maisons régnantes, les protocoles des criminels de lèse-majesté, les légendes de saints et les auto-biographies. Je n'ai pas oublié que Pierre de Cortone, ou Berettino, en présence du duc Ferdinand de Toscane, fit un jour de la figure d'un enfant qui pleurait une figure riante, et ensuite de celle-ci une figure pleureuse.

Voltaire a écrit plus d'une fois (selon son usage, car il donnait aux hommes, trois fois de suite, comme on le donne à une armée, le commandement de : marche! et il se répétait avec une patience infatigable) que l'historien devait en écrivant l'histoire, suivre les règles du drame. Cependant une des premières règles dramatiques que nous ont données Lessing, Aristote et les modèles grecs, est : Que le dramaturge doit prêter aux aventures historiques qu'il met en œuvre tout ce qui aide à la fiction poétique, et en retrancher tout ce qui lui nuit ; que jamais il ne doit sacrifier la beauté à la vérité, mais bien celle-ci à celle-là.

Voltaire, on le sait, donna l'exemple avec le précepte ; ce grand dramaturge du théâtre du monde s'occupa fort peu de la vérité dans ses drames historiques donnés à son bénéfice, tels que l'histoire de Pierre-le-Grand et celle de Charles XII, quoique cela lui eût été très-facile; mais en revanche la fiction y gagna, et c'est là la véritable histoire romantique, ou le véritable roman historique. Ce n'est pas à moi, mais bien à d'autres, nommément aux prévots des fiefs et aux secrétaires de légation, à juger si j'ai assez menti dans l'histoire. Malheureusement il n'est guère probable que la véritable histoire de mon héros voie jamais le jour. Sans cela j'aurais l'espoir que tôt ou tard on me rendrait justice; que des connaisseurs pourraient confronter mes poétiques dérivations de la vérité avec la vérité elle-même, et rendre à chacun son dû, à la vérité d'abord, et à moi ensuite. Mais les historiographes royaux et les chroniqueurs de scandales renoncent à cette récompense, parce que jamais l'histoire véritable ne paraît en même temps que les leurs.

Il est un double écueil que doivent éviter les auteurs qui font de l'histoire; non seulement il ne faut pas qu'ils atteignent et dévoilent des personnages véritables, mais encore il faut qu'ils prennent garde d'atteindre ou de dévoiler des inconnus, c'est-à-dire qu'ils ne doivent peindre personne. Exemple : Lorsque je choisis un nom qui doit représenter un mauvais prince, je commence par parcourir d'un bout à l'autre le catalogue de toutes les têtes couronnées qui gouvernent ou qu'on gouverne, afin de ne pas employer un nom qui appartienne à quelqu'un. C'est ainsi qu'à Otaïti tous les mots qui ont un son semblable au nom du roi sont effacés du vocabulaire, après son couronnement, et remplacés par d'autres. Comme il se trouvait jadis que je ne connaissais aucune cour vivante, il me fut impossible d'éviter, dans les tableaux que j'eus à faire des intrigans, de l'égoïsme et du libertinage biographiques des cours, que ces vices imaginaires ne ressemblassent à des vices réellement existans.

Je ne pouvais jamais attraper de dissemblances frappantes ; maintenant, au contraire, que ma flotille d'ambassadeurs croise devant chaque cour, rien de ce qui s'y passe ne m'échappe, et elles sont entièrement à l'abri de toute ressemblance fâcheuse, surtout celles de Flachsenfingen et de Hohenfliess.

Assez. Ce prologue-progamme-digression a

été un tant soit peu long; mais la période du jubilé l'était également; plus le jour de la Saint-Jean est long, plus la nuit de saint Thomas l'est aussi. Maintenant donnons-nous la main, auteur et lecteurs, et dansons ensemble dans cet ouvrage, ce grand bal de la vie; moi à la tête d'un quadrille, et vous, en sautant en mesure derrière moi, au son du branle joyeux des cloches annonçant un baptême, et du glas funèbre de celles qui sonnent un enterrement, accompagnés par le chant des muses et par la lyre d'Apollon; dansons de volume en volume, de cycle en cycle, de digression en digression, d'une pensée à une autre, jusqu'à la fin de l'œuvre ou de l'ouvrier, peut-être même de tous deux.

DEUXIÈME PÉRIODE DU JUBILÉ.

SOMMAIRE.

Biographie de deux cours. — La maisonnette. — Les ailes. — Le marchand de cheveux. — Le nouveau perchoir. — La tempête enfermée dans une voiture. — Douce musique de mineurs. — M. de Falterle, de Vienne. — Souper de torture. — Le cœur brisé. — M. Werther sans barbe. — Un coup de pistolet. — Réconciliation.

CYCLE X.

Avec toute l'énergie de la jeunesse, la tête remplie de projets, Albano traversait de nouveau cette délicieuse contrée milanaise où l'épi, le raisin et l'olive croissent fraternellement sur le même sillon. Dans l'Isola Bella, où son ame avait fléchi sous de rudes secousses, une vie arcadienne lui semblait préférable au tumulte des camps et des cours; les luttes et les mystères qui semblaient devoir se disputer sa vie, lui répugnaient : maintenant, il demandait au ciel un ennemi et une amante, il voyait là une double victoire.

A mesure que l'île disparaissait à l'horizon, la vapeur magique dont l'apparition nocturne avait enveloppé le jeune comte, se dissipait et ne laissait apercevoir derrière elle qu'un inexplicable mystère. Alors seulement il confia son aventure à ses compagnons. Schoppe et Augustin secouaient la tête d'un air sérieux; mais chacun par un motif différent : le bibliothécaire cherchait à expliquer dans un sens physique la déception acoustique et optique éprouvée par le jeune homme; le Lecteur y cherchait un sens politique : il ne pouvait pas concevoir le but qui avait fait agir ce directeur théâtral de cadavériques acteurs.

Dans la conversation, Albano ne put s'empêcher d'attribuer à son père une participation quelconque dans ces scènes mystérieuses: ce jeune homme étoit trop jeune, trop fort, et trop fier pour aimer la réserve soit en lui soit chez les autres. Il n'y a que les ames de chenilles et de hérissons qui se crispent et se racornissent au moindre attouchement : au-dessous d'un front ouvert aime à battre un cœur ouvert.

Ils arrivèrent enfin, après avoir laissé derrière eux des montagnes et des forêts (comme autant de jours et de nuits qu'ils auraient vécus), au but qui leur était indiqué : une seule principauté les séparait maintenant de celle de Hohenfliess. Cette province était comme la porte et la muraille de cette dernière, et l'on aurait pu facilement les fondre toutes deux dans une seule ; elle se nommait ainsi que le savent tous les géographes, Haarhaar. Le Lecteur raconta au bibliothécaire, lorsqu'on fut arrivé près des bornes armoriées de cet état, que ces deux cours riveraines étaient devenues ennemies jurées, non pas parce qu'elles étaient liées par une parenté diplomatique (entre princes, les mots cousin, oncle, frère, n'ont pas plus d'importance que celui de beau-frère [1] qu'on donne aux postillons, ou que celui de père ou de mère chez les anciens Brandebourgeois), mais parce qu'elles l'étaient par une parenté réelle, et qu'elles devaient mutuellement hériter l'une de l'autre. Il me faudrait trop de place si je voulais anatomiser ici les deux arbres généalogiques de ces princes, arbres qui furent pour eux de véritables Mancenilliers [2].

---

[1] *Schwager*, vocatif allemand dont on se sert avec les postillons, et qui est synonyme de *Schwager*, beau-frère.

[2] Arbre très-vénéneux de la famille des tithymaloïdes.

Qu'il suffise au lecteur de savoir que les terres et les habitans de Hohenfliess devaient accroître la principauté de Haarhaar, dans le cas où le prince héréditaire Luigi, dernier rejeton de l'arbre de Hohenfliess, sécherait sur sa racine. Quelle diplomatie Haarhaar va-t-il employer pour hâter la mort de Luigi! Quels troupeaux de têtes de lions vénitiennes naîtront dans ce pays de succession, lesquelles n'auront rien à dévorer que des annonces savantes et des affiches? Quelle bande de coquins, c'est-à-dire de mécaniciens politiques, déporterons-nous dans ce nouveau Botany-Bay! Haarhaar est honnête, et ne désire rien de plus que la fleur des finances, du commerce, de l'agriculture, de la culture de soie et des haras de Hohenfliess : il déteste et maudit au plus haut degré toute prodigalité publique, cet affaiblissement du grand nerf intercostal, l'argent, comme le plus grand empêchement canonique à l'accroissement de la population. — « Le souverain, ainsi parle l'ultrà-philanthrope, prince de Haarhaar, est le berger et non le tueur de son peuple; il prend plus souvent en main sa flûte que ses ciseaux à tondre : notre cousin Luigi peut se ruiner en santé et en fortune; très-bien :

mais les autres! cela ne lui est pas permis.

On se rappelle que l'entrée de Pestitz avait été interdite à Albano par son père, pour d'excellentes raisons sans doute, raisons que le chevalier connaissait seul. Cette interdiction avait rendu plus vif encore, selon l'usage, le désir que le jeune homme éprouvait de voir cette ville. La cavalcade étant maintenant arrivée sur une hauteur d'où l'on apercevait à l'ouest le clocher de Pestitz, et en se retournant, dans le fond du vallon, la tour de Blumenbuhl, à l'est; des deux côtés parvenaient à l'oreille des voyageurs les sons des cloches, qui semblaient sonner les unes le passé, les autres l'avenir d'Albano. Ses yeux se portèrent en bas vers le village et en haut vers une petite maison rouge située sur le revers d'une montagne, qui lui apparaissait comme une urne peinte renfermant tous les jours de sa vie passée; il soupira en contemplant le théâtre de sa vie future, et poussa son cheval vers la ville des tilleuls.

Mais la jolie petite maison voltigeait devant lui comme un nuage rouge. Ah! n'a-t-il pas eu déjà dans cette retraite isolée six journées de rêves, d'aventures, et cela à cette époque du jeune âge où l'âme, errante au loin sur les ailes de l'imagination, plane, sans les voir, sur les pleurs, les rires et les angoisses de cet univers placé si au-dessous d'elle? Nous allons nous reporter à cette journée, à ce péristyle de sa vie, à ces heures de jeunesse, de candeur, de naïveté, vers lesquelles maintenant son souvenir l'entraîne avec une force irrésistible.

CYCLE XI.

A l'aspect de la maisonnette rouge suivons la pensée, remontons dans les souvenirs, pénétrons dans la jeunesse première d'Albano.

C'était le jour de la Saint-Jacques et en même temps le jour de la fête du directeur provincial Wehrfritz, qui n'était pas encore directeur. Il fit sortir sa voiture de la remise, dans le dessein d'aller à Pestitz, chez le ministre, et de voir s'il ne pourrait pas s'entremettre pour essayer de changer la machine de l'état (machine à battre le blé) en semoir. Wehrfritz était un homme vif et robuste, et un jour de fête lui semblait toujours plus long qu'un jour ouvrable. Rien ne l'ennuyait plus que de s'amuser; mais il pensait avoir quelque agrément ce soir-là, car enfin c'était sa fête à lui, quoique, au lieu de recevoir un cadeau, il eût le projet d'en faire un : il avait en effet l'intention d'apporter de Pestitz au petit Albano un clavecin d'Oesterlein, qu'il paierait de sa propre bourse, bien qu'elle fût un peu légère, et par dessus le marché, de joindre au clavecin un maître de musique, ainsi que don Gaspard l'avait demandé.

Mais pourquoi, diable ! ne pas rendre tout cela aussi clair que possible pour le lecteur ?

Don Gaspard avait désiré, lorsqu'il posa les bases de l'éducation de son fils, que l'on s'occupât plus de la santé de son corps que de celle de son esprit; qu'on ne surchargeât pas ce dernier, et qu'enfin l'arbre de la science n'étalât pas de magnifiques rameaux aux dépens de l'arbre de vie. Il en résulta que, dans ses études, Albano ne fut point forcé de marcher courbé sous le poids de volumineuses *encyclopédies;* on se borna à lui enseigner la grammaire. Après les heures de classe consacrées à la jeunesse du village, le recteur du lieu, nommé Wehmeier, plus connu sous le nom de (la vieille perruque de magister), chercha à employer quelques heures de repos à diriger cette vigoureuse chute d'eau dans l'étroit et paisible canal de l'alphabet. Cette utile étude ne suffisait pas à l'esprit turbulent de l'élève : il voulait tout envahir, tout jusqu'à l'orgue de l'église : faute de connaître le contrepoint, ni même une note, ni la mesure, il se bornait à rester des heures entières debout sur la pédale ronflante. Cette ame, aux ressorts puissans, ne trouvait pas dans les régions intellectuelles une suffisante pâture, et sautant du moral au physique, Albano s'occupait avec toute la candeur du jeune âge, à dessiner des figures sur les murs, à modeler des soldats avec de la terre glaise et à établir partout des cadrans solaires. Quelquefois aussi les racines de cette plante vivace, étendant au loin leurs ongles rongeurs, pénétraient dans le sanctum sanctorum de son père nourricier, c'est-à-dire au milieu de ses bouquins sur le droit civil, le droit des gens, le droit canon (le plus sûr de tous les droits, quand l'artilleur pointe bien), se glissaient même, les téméraires, jusque dans la Chancellerie d'état de Fabri, de même que souvent les plantes d'un herbier promènent au loin leurs racines avides. Oh! combien de fois, après avoir passé de l'in-octavo à l'in-quarto, de l'in-quarto à l'in-folio, le jeune homme étendait ses bras vers d'autres livres, vers d'autres maîtres. Tant mieux! la faim digère, mais l'amour féconde. Ces désirs ardens de l'ame sont la vivifiante *aura-séminalis* de l'œuf orphéen des sciences. Vous ne voyez pas cela vous, enseigneurs à courte vue, qui donnez à boire à vos élèves avant qu'ils n'aient soif et qui, comme certains fleuristes, versez dans la tige fendue de vos fleurs du vernis colorant, du musc dans leur calice, au lieu de leur donner du soleil et une bonne terre. Insensés! vous les jetez, faibles qu'ils sont, avec des organes incomplets, dans le grand empire des vérités et des beautés, de même que nous entrons avec des sens voilés et en rampant, dans la nature, pour nous émousser contre elle; et vous ne vous inquiétez pas si vous pourrez jamais leur rendre ces belles et fructueuses années dont ils auraient joui si vous les aviez introduis, nobles Adams, à la croissance achevée, à la séve nourricière, aux sens ardens mais développés, dans cet admirable univers intellectuel où leurs mouvemens n'eussent point été gênés par les langes de l'inexpérience ou les lisières des préjugés. Ils ressemblent, vos élèves, à ces allées de jardin qui, au printemps, se tapissent les premières de verdure, mais qui jaunissent bientôt sous les pieds qui les foulent, tandis qu'autour d'elles les parterres et les platebandes sont en pleine végétation.

Wehrfritz renouvela en montant en voiture la recommandation de veiller attentivement sur le jeune comte, qu'il aimait, dit-il avec emphase, comme son propre fils (il n'avait qu'une fille). Albine de Wehrfritz, sa femme, s'y engagea de toutes ses forces; mais à peine le futur directeur provincial fut-il parti, que notre Albano fit part de son intention de passer solitairement sa journée dans la petite maisonnette du bord du parc; car il aimait mieux jouer seul qu'avec un camarade. Les femmes ressemblent assez au père Lodoli, que, selon le Journal de Lambert, rien ne fatiguait plus que le monosyllabe *oui;* dans tous les cas, elles ont soin de ne le dire jamais qu'après *non*. Albine ne manqua pas, en conséquence, de dire *non* avec beaucoup d'énergie, quoiqu'elle sût fort bien qu'elle ne pourrait pas long-temps s'en tenir à ce monosyllabe; puis elle se rejeta sur l'ordre de son mari, puis la bonne Rabette, aux joues de pommes d'api, se mit du côté de son frère adoptif (je renonce définitivement pour l'avenir aux mots père nourricier, père adoptif, sœur d'adoption, ils m'ennuient); puis Albine jura que bien certainement on ne lui porterait pas son dîner sur la montagne; puis il s'en alla bravement comme il l'avait déclaré d'avance..... Albine céda. J'ai vu plus d'une fois, dans des occasions de résistance, les os des bras des femmes s'assouplir et s'arrondir, de durs et rebelles qu'ils étaient; bref, ce n'était qu'en présence de Wehrfritz que la bonne Albine avait la force de dire long-temps *non*.

CYCLE XII.

Albano était arrivé à la petite maisonnette; après avoir pris position devant chaque fenêtre l'une après l'autre, et s'être écrié plus d'une fois, en admirant les magnifiques points de vue qu'on découvrait : Comme c'est beau !... il prit le parti de sortir de la maison pour donner plus d'espace à ses idées.

Il se plaça sur le bord de la montagne, cet immense balcon d'où l'on dominait sur la plaine; et chaque bouffée de vent qui s'engorgeait dans ses cheveux réveillait son désir d'avoir des ailes. Quelle volupté ce serait en effet que de s'arracher tout à coup à ce piédestal de la terre, à cet ignoble marche-pied, et de se sentir transporté dans ce lointain éther..., de se baigner dans ces beaux nuages que notre œil a si souvent admirés, de coudoyer l'alouette et de voler de conserve avec l'aigle..., de ne plus voir les villes que comme un assemblage de marches d'escalier, les rivières que comme des cordes lâches jetées au hasard ; puis de se poser sur une tour élevée en face du soleil couchant, de suivre dans le sein de la nuit cet œil que va recouvrir la terre comme une colossale paupière, et, lorsque l'univers se sera interposé entre nous et le jour, de remonter sous la nue pourprée !

D'où vient que ces ailes fantastiques nous soulèvent comme des ailes de plumes ? Qui avait jeté dans l'ame d'Albano cette soif inextinguible d'élévation, cet amour des hauteurs, des montagnes, des clochers ? Ah ! tu t'abuses toi-même !... Ton ame, couverte encore de sa peau de chrysalide, augmente l'étendue que découvrent tes yeux de toute celle que rêve ton cœur, et ne voit dans le ciel physique qu'une route vers le ciel idéal !

Albano descendit de la montagne pour suivre la rivière qui se perdait de détours en détours dans la forêt. Plus d'une fois déjà son imagination l'avait entraîné dans des chemins inconnus qu'il ne suivait que pour savoir où ils aboutissaient; il aimait à marcher au hasard, à suivre des sentiers peu frayés, et son but était atteint quand il était parvenu à s'égarer tout-à-fait, quand il se trouvait forcé de rappeler tous ses souvenirs pour s'orienter et retrouver sa route. Il côtoya ainsi ces flots argentés jusque dans les sinuosités du bois; il voulait en sortir avec eux et savoir ce qu'il y avait là-bas... Il n'y parvint point : les bouleaux tantôt se séparaient, et tantôt se resserraient en rideau impénétrable; la rivière s'élargissait, les difficultés augmentaient de minute en minute, mais il ne cédait pas. Les extrêmes avaient pour lui un attrait magnétique; il concevait les pôles et non ce qui se trouvait entre eux; il aimait à voir le baromètre à son point le plus élevé ou le plus bas; il aimait le jour le plus long ou le jour le plus court; mais les termes moyens, il les détestait par-dessus toute chose au monde.

Enfin, au moment de son plus grand embarras, il entendit appeler son nom par des voix de femmes; il retourna sur ses pas, les cris étaient plus perçans, et il s'aperçut bientôt que c'était les signaux de détresse de la châtelaine de Sennen.

Une heure sonnait à la tour du château ; ce son lui rappela tout à la fois sa mère adoptive... et son dîner. Il songea qu'il avait tort de se tenir éloigné de la maison le jour de la naissance de son second père ; il pensa au chagrin qu'il causait à Albine, et pourtant il ne rentra pas. Léa, la petite fille du garde qui habitait la maisonnette de Sennen, le reconnut et courut prévenir sa mère qui lui apportait son dîner et un petit flacon de vin que Rabette y avait joint.

CYCLE XIII.

Je rendrais volontiers compte du dîner solitaire de Césara, mais j'ai à narrer de plus graves incidens, et je suis obligé de laisser le lecteur imaginer tout ce qu'il voudra. Seulement je tiens à ce qu'il sache que le flacon de vin, accompagnement inaccoutumé de ses repas, fit quelque ravage dans ce jeune cerveau, et en augmenta par conséquent l'effervescence naturelle.

Comme il entrait dans le jardin, il aperçut la petite Léa, que la petite vérole avait rendue aveugle. Léa s'avançait de son côté, en étendant les bras pour ne point se heurter contre les arbres; il lui ouvrit les siens, et bientôt un second cœur battit sur le sien. Elle fut effrayée et voulut se retirer, mais il la rassura en se nommant. Cependant sa terreur avait été trop forte pour qu'elle pût la maîtriser si vite, et Albano cherchait un moyen de réparer son étourderie par quelque petit cadeau: mais lequel? lui qui n'avait rien, pas même de l'argent! Par bonheur le souvenir de sa sœur Rabette lui revint en mémoire, et il se rappela qu'un ruban était une de ses plus grandes joies; il détacha aussitôt le beau ruban de soie tout neuf qui retenait ses cheveux par derrière, et le fit passer de sa tête sur celle de Léa... Puis il pensa qu'un ruban rouge irait mieux à la figure de l'enfant qu'un noir, et il appela un Juif qui passait, portant une boîte contenant des chevelures dont il dépouillait, moyennant paiement, les têtes des villageois, et un carton qui renfermait des rubans de toutes les couleurs.

Albano voulut engager le juif à lui céder un ruban rouge.

Mais, hélas! cet homme avait un cœur de roc, et ni larmes, ni prières ne purent le déterminer à livrer à crédit le superbe ruban rouge qui devait faire tant de plaisir à Léa; car, quoique aveugle, elle était un peu coquette;

seulement elle l'était pour les autres, non pour elle-même : le miroir était pour elle un corps sans âme. Comment faire? Le juif trouva un expédient: il proposa au jeune homme de se laisser couper la superfétation de cheveux qui flottait inutilement sur son dos, et de recevoir en échange le beau ruban rouge, et de plus, parce qu'il était généreux, une bourse de Wurtzbourg en cuir, presque neuve, qui remplacerait parfaitement sur son habit les cheveux qu'il perdrait. Il n'y avait pas à hésiter: l'enfant d'Israel fermait déjà sa boutique ; Albano se dépouilla volontairement des marques distinctives qui faisaient la noblesse des anciens Francs. A quoi d'ailleurs lui servaient-elles? A l'ennuyer tous les matins, quand il s'agissait de les nouer, ces marques distinctives. Bref, il boucla à sa place le substitut en cuir que lui donna son acheteur.

Il sauta au cou de Léa, et lui dit en arrangeant le ruban rouge sur sa tête. — N'est-ce pas que tu es bien contente de ta parure, pauvre petite aveugle? Puis il monta sur un haut cerisier, pour y cueillir des cerises et lui en faire une guirlande.

En vérité, la raison d'Albano semblait l'avoir abandonné tout-à-fait; à mesure qu'il montait, de nouvelles beautés s'offraient à sa vue, il s'arrêtait, puis montait encore...

Mais il est temps de prier mes lectrices, ou de rentrer dans la maisonnette, ou de suivre la mère de Léa, qui court de toute la vitesse de ses vieilles jambes, pour apprendre à Albine le crime de son élève ; car, sur ma foi, je ne crois pas qu'il soit convenable qu'elles restent là pour voir notre héros, la souche de Titan, en présence de quelques valets de ferme, perché sur une haute branche, et attaché par le milieu du corps à celle qui tenait au tronc, suivant mollement tous les mouvemens qu'imprimait le vent à la cime des cerisiers. C'est cruel,... mais il était impossible à ces valets de résister à l'expression menaçante de ses yeux, à sa volonté clairement manifestée, et surtout aux kreutzers dont il leur promettait une moisson abondante.

Nous continuerons, dans le cycle prochain, l'histoire de notre aigle impérial, perché sur l'arbre, et des évènemens qui eurent lieu sur la montagne lorsque la vieille perruque de magister et le directeur provincial se trouvèrent face à face avec ce nouvel habitant de l'air.

CYCLE XIV

Le magister Wehmeier, qui de loin ne pouvait rien comprendre à l'espèce et aux mouvemens de l'oiseau qu'il apercevait, s'était approché en toute hâte, et contemplait avec stupeur la soudaine élévation de son élève. La sueur inondait son front quand l'idée lui venait que d'un instant à l'autre son disciple pourrait tomber et se briser en vingt-six morceaux, comme Osiris, ou bien en trente comme la Vénus de Médicis : — et cela, ajoutait-il mentalement, juste au moment où ce jeune Satan a acquis quelque teinture des langues, et où il pourra me faire honneur. Il commença par gourmander les assistans, mais non l'acteur principal, de peur qu'au beau milieu de la réprimande il ne tombât en se justifiant. Dans le lointain une illusion d'optique lui faisait voir un nouveau sujet de terreur, la voiture du directeur provincial, et son imagination effrayée lui en montrait une à chaque point cardinal. Mais ne voilà-t-il pas que du côté de l'occident arrive une véritable voiture, dans laquelle est assis le futur directeur, non pas idéalement, mais en chair et en os! Ah! mon Dieu!... d'ordinaire Wehrfritz, chaque fois qu'il revenait de chez le ministre, en rapportait une provision de bile, tant il souffrait en comparant les enfans tranquilles et gracieux qu'il y voyait, avec les enfans mal léchés qu'il retrouvait au logis. La plupart des pères sont faits ainsi, et cependant ils devraient se donner la peine de réfléchir que les enfans se comportent toujours mieux devant les étrangers qu'ils ne le font quand ils sont seuls, et qu'en outre, ceux qui ont été élevés à la ville y ont des manières plus polies et plus douces que celles des enfans campagnards.

Lorsque Wehrfritz aperçut le jeune aiglon dans son aire, qui regardait en bas, et en bas le magister qui regardait en haut, il pensa que cette partie de plaisir avait été inventée par le pédagogue, et il lui envoya par la portière autant de malédictions qu'il est possible d'en débiter dans un espace de temps donné. Wehmeier commença à jurer à son tour, afin de montrer au directeur qu'il s'acquittait bien de son devoir ; la mère de Léa joignit les mains, et les valets de ferme se préparèrent à effectuer une nouvelle descente de croix. Le pauvre enfant tira son couteau et déclara qu'il couperait le lien qui le retenait si on essayait d'abaisser l'arbre jusqu'à terre. Il l'aurait fait comme il le disait, et sa vie, ainsi que celle de notre Titan, auraient été tranchées d'un seul coup, tant son cœur se révoltait à l'idée de recevoir des injures verbales et physiques en présence de tant de gens, et notamment d'un étranger qu'il avait remarqué dans la voiture. Mais le directeur, lâchant la bride à toute sa témérité, quoique ce fût précisément ce qu'il blâmât dans son pupille, brava toutes les conséquences, et cria au domestique qui tenait la clef de la portière, qu'il voulait descendre et monter lui-même. Il était en effet hors de lui, et pour cause : 1° parce qu'il y avait derrière la voiture ce clavecin dont il voulait faire cadeau au réfractaire ; 2° parce que dans cette même voiture étaient assis, côte à côte avec lui, une encyclopédie de beaux-arts enfermée en une seule personne, un Viennois maître de chant, de danse, de musique, et d'armes, choisi parmi les professeurs de la maison du ministre, et que ce prototype du bon goût et des belles manières assistait comme témoin au début aérien de son futur élève. Gottlieb descendit pour ouvrir la portière de la voiture ; mais il eut beau fouiller dans toutes ses poches, la clef n'y était pas. Le directeur incarcéré s'agitait dans la caisse de la voiture comme un léopard dans sa loge, et Albano se balançait toujours sur son nid aérien, tout prêt, à la moindre invasion, à couper le lien qui le retenait. La vieille perruque était le personnage le plus heureux dans l'affaire ; déjà à moitié mort, la sueur froide qui ruisselait sur son corps le rendait inaccessible aux évènemens extérieurs ; son moi était comme du tabac à priser enfermé dans une boîte de plomb.

Ah ! je souffre autant pour l'enfant que si j'étais juché sur le perchoir à côté de lui. L'aurore et la honte coloraient ses traits d'une noble rougeur, le soleil se reflétait sur ses joues. Hélas ! il faut qu'il détache ses regards, l'infortuné, de ce beau soleil et de ces deux tours de Pestitz qui se tiennent à ses côtés, et qu'il les reporte sur le bruit et les querelles des froids habitans de la terre.

Gottlieb avait toutes les peines du monde à trouver la maudite clef de la voiture, et cela pour une bonne raison, c'est qu'il l'avait dans la main. Seulement, par intérêt pour le jeune comte, il ne voulait pas la donner. Il vota pour qu'on allât chercher le serrurier; mais le cocher eut une bien meilleure idée, ce fut de conduire la voiture à l'ouvrier, au lieu de conduire l'ouvrier à la voiture, et, joignant le faire au dire, il fouetta ses chevaux et emmena au grand trot le prédicateur et la chaire, avec le clavecin d'Osterlein par derrière. Il ne resta pour ressource à l'enragé directeur que de casser un des carreaux de la voiture et d'y passer le cou pour envoyer de toute la force de son gosier quelques malédictions variées, au pauvre oiseau qui se balançait sur sa branche.

Alors le magister retrouva son courage et la parole, et il commanda impérieusement qu'on descendît le délinquant: lorsque ce fut fait, il saisit d'une main forte le catogan d'Albano, soit pour réparer le désordre de sa coiffure, soit pour d'autres raisons à lui connues;

mais quelle fut sa surprise quand, au lieu des cheveux de son élève, il ne resta en sa possession que la bourse en cuir de Wurtzbourg !

Wehmeier restait pétrifié et contemplait d'un œil attéré la *cauda prendensilis* : son attention se trouvant concentrée sur ce point, Albano gagna autant par cette diversion qu'Alcibiade jadis en faisant couper la queue de son... Robespierre. Le magister remercia Dieu de ce qu'il n'était pas forcé de souper ce soir-là avec le vieux Wehrfritz, et renvoya le criminel chez lui avec son catogan à la main.

CYCLE XV.

L'excellente Albine avait éloigné de la maison tout ce qui pouvait allumer la colère de son mari, afin que rien ne nuisît aux projets de bonheur qu'elle avait conçus. Comme avant-goût de la céleste et nouvelle Jérusalem qui devait s'ouvrir ce soir, Rabette avait placé dans un cabinet voisin de la salle à manger un orchestre composé d'ouvriers Mineurs, et Albine avait résolu qu'Albano remettrait à Wehrfritz l'acte qui le nommait directeur provincial... Mais, hélas! ce n'était qu'un rêve, et il n'en revint à cette bonne ménagère que le déluge de colère que Wehrfritz avait conservé, comme les chameaux, dans son estomac pour en inonder le magister, et dont il la gratifia pour ne rien perdre.

Madame Wehrfritz commença d'abord par donner complétement raison à son mari; puis elle lui donna un peu moins raison ; puis moins encore (comme les mères qui font tiédir dans leur bouche l'eau avec laquelle elles remédient aux petits inconvéniens résultant de la trop grande jeunesse des enfans); enfin elle finit par demander qu'on lui abandonnât le destin d'Albano.

Mais voilà que je m'aperçois que ce vieux Wehrfritz se change sous ma plume en dragon de l'Apocalypse, ou en bête de Gévaudan; ce n'est pourtant qu'un agneau à deux cornes. Avait-il si grand tort? Pauvre diable! qui s'était fait une fête de sa fête, qui avait apporté à son pupille un clavecin et un professeur, et qui, surtout, avait plus d'une fois défendu à ce pupille les excursions aériennes! D'ailleurs n'avait-il pas vu dans la même journée les enfans si bien élevés du ministre, et la fréquentation des gens sévères ne rend-elle pas plus sévère, de même que celle des gens indulgens rend plus indulgent?

Albano, sur la route du cabinet de son père adoptif, toujours son catogan à la main, rencontra sa sœur Rabette qui, après lui avoir fait d'amers reproches et le tableau de la colère du directeur, lui replaça sa *cauda* du mieux qu'il lui fut possible, et l'embrassa en lui disant : « Je te plains, mauvais sujet. »

Il marcha la tête haute (ce qu'il devait peut-être moins à son courage, qu'à l'appendice qu'il portait par-derrière), vers la salle à manger. A peine y fut-il entré qu'un épouvantable : — Ote-toi de mes yeux, sortit de la bouche du directeur furieux. Albano se tourna flegmatiquement du côté de la porte, et se préparait à s'éclipser, lorsqu'une nouvelle scène vint faire diversion.

Les musiciens improvisés avaient fini par s'ennuyer dans le cabinet où ils étaient relégués; pour se distraire, le premier violon et la basse avaient pris le parti de causer ensemble à demi-voix. Le directeur, qui ne pouvait comprendre quel murmure lointain le suivait partout, crut d'abord que c'était un mélodieux tintement d'oreilles, et il commençait à se résigner à cette nouvelle infirmité, lorsque le maître de forges, qui devait jouer du tympanon, laissa tomber en gesticulant son poing musical sur son instrument. Aussitôt Wehrfritz ouvrit la porte du cabinet, et il aperçut le nid harmonique où se couvaient de suaves accords; après avoir demandé aux Mineurs ce qu'ils faisaient là, et obtenu une réponse catégorique, il leur donna quelques pièces de monnaie et les envoya faire de la musique partout où bon leur semblerait, excepté chez lui.

Albine, durant cette scène, fit signe à Albano de passer dans la chambre voisine; là elle l'interrogea pour savoir la vérité, car il ne mentait jamais; après qu'il lui eut tout raconté, elle lui fit sentir ses torts, elle lui peignit le chagrin de son mari, l'étonnement de M. de Falterte, le maître de danse, etc., qui était en train de s'habiller là-haut, et la colère de don Gaspard si on lui écrivait cette aventure; elle finit sa morale par lui dire d'une voix émue :

— O Albano, tu penseras plus d'une fois à la mère d'adoption, mais il sera trop tard!...

Ce que n'avaient pu produire toute la fureur du directeur, ni la crainte de son père, fut le résultat de l'émotion de cette femme qu'il avait appris à chérir et à respecter. Il céda; mais, dans le mouvement violent qu'il fit pour se jeter dans les bras d'Albine, le catogan se heurta contre le collet de son habit, et l'endroit où se trouvait opérée la jonction du faux avec le vrai fut mis à nu. Avant que sa mère s'en fût aperçue, elle avait déjà remis à Albano l'acte de nomination de Wehrfritz, afin qu'il le portât à ce dernier comme un présent qu'elle lui faisait pour sa fête ; il devait, en outre, s'engager à mieux se conduire à l'avenir. Mais dans ce moment elle remarqua le catogan dans la main d'Albano, et vit, pour la première fois, que ses cheveux avaient été coupés. Elle voulut qu'il lui racontât les détails de cette nouvelle aventure ; lorsqu'il l'eut fait, elle le trouva moins coupable, et son dévouement d'enfant lui arracha des larmes. Elle l'envoya vers son mari avec le cadeau, et quand il fut parti elle résolut de dire, pour couvrir cet attentat de lèse-chevelure, qu'il n'avait fait qu'obéir à ses ordres en cédant à la mode qui voulait que les enfans comme il faut portassent leurs cheveux à la Titus.

Albano se rendit près de son père adoptif ; mais toute son énergie avait disparu et de grosses larmes roulaient dans ses yeux. Lorsqu'il se trouva en présence de Wehrfritz, il n'eut que la force d'étendre le bras vers lui avec le paquet scellé, et de dire : — Le cadeau. En même temps il s'avança et se serra contre la poitrine du vieillard, qui le repoussait faiblement de la main gauche, tandis que de la droite, il tenait ce brevet tant souhaité, en s'enivrant d'avance de son contenu.

« Va chercher ta mère, » lui dit le nouveau directeur.

CYCLE XVI.

Wehrfritz, tout joyeux de sa promotion, crut devoir faire amende honorable de l'explosion de son Etna : renonçant à sa formule *nolo episcopari*, et à toutes ces précautions oratoires qu'emploie d'ordinaire un homme pour faire croire aux étrangers que ce qui met le comble à ses vœux lui est au reste fort indifférent, il fit, sans réserve aucune, part de son bonheur à sa femme, et lui demanda ensuite ce qu'étaient devenus le repas projeté, le magister, le maître de danse, et Rabette.

Mais Albine avait déjà fait savoir au magister, par l'intermédiaire d'Albano, que l'orage était passé, et qu'on l'attendait à souper...

Wehmeier n'aimait pas en général à manger dans la société d'un gentilhomme ; il craignait toujours, quand ce malheur lui arrivait, de faire quelques sottises, et l'attention qu'il était obligé de donner à tous ses mouvemens, lui enlevait tout le plaisir de la gastronomie. Cette fois il se rendait avec plaisir à l'invitation de Wehrfritz, parce qu'il désirait connaître son futur collègue.

Quels excellens originaux à copier que ces deux pédagogues! Le maître d'agrément portait un habit de satin jaune, qui ressemblait aux ailes supérieures d'un papillon, dont les ailes inférieures, d'une teinte plus brune, étaient représentées par son gilet, quand l'habit se trouvait déboutonné. Wehmeier, au contraire, avait un habit étoffé, couleur vert d'Iris, aux longues basques flottantes, dont la mesure semblait avoir été prise par un faiseur de tentes. L'un en souliers de marié, l'autre en grosses bottes.

Le magister vit avec peine son confrère futur conduire à la salle à manger d'une main Rabette et de l'autre Albano. Il n'était pas au bout. Albano, avec sa vivacité ordinaire, avait déployé le premier sa serviette ; M. de Falterle commença aussitôt à remplir ses fonctions en disant :

— *Posément, monsieur; il est messéant de déplier sa serviette avant que les autres aient déplié les leurs*[1]. Et au bout de quelques minutes l'élève s'occupa de sa soupe ; c'était une soupe *Printanière ;* comme elle était trop chaude il la souffla. — *Il est messéant, monsieur*, dit le maître de danse au novice, *de souffler sa soupe.* La vieille perruque qui, dans ce moment même, venait d'enfler ses joues pour envoyer une bouffée d'air sur une cuillerée de soupe qu'il se proposait d'avaler, n'osa point donner suite à son projet, et engloutit le potage tout bouillant.

Ensuite parut sur la table un brochet au four ; l'on sait que, la tête et la queue étant coupées, et le ventre refermé, ce poisson a quelque ressemblance avec un cimier de chevreuil. Albano demanda à son ancien maître ce que c'était. — C'est un cimier de chevreuil, répondit celui-ci. — *Pardonnez, monsieur,* dit de Falterte, *c'est du brochet au four ; mon cher comte, il est messéant de demander le nom de quelque mets que ce soit ; on feint de le savoir.*

Nous saurons plus tard comment Albano

---

[1] Nous croyons devoir faire observer aux lecteurs que tous les mots en italique sont en français dans l'original.

plia ses nerfs sous le joug pesant qu'on voulait lui imposer. Le directeur ne savait pas pardonner une offense avant que le coupable eût subi une pénitence quelconque, et n'ayant point observé combien l'enfant avait été châtié intérieurement, il résolut de le mortifier à table. Il commença à louer avec exagération les enfans du ministre, qui étaient tenus d'une manière tellement sévère, que, pour tousser ou rire à table on leur infligeait des punitions, à l'exemple de la cavalerie prussienne dans laquelle on châtie le cavalier qui tombe ou qui laisse tomber son chapeau. Il ajouta que, bien que ces enfans fussent du même âge qu'Albano, ils avaient d'aussi belles manières que de grandes personnes. Pourtant, chez ce même ministre il s'était répandu en éloges sur les progrès rapides de son élève; mais il y a beaucoup de parens qui, dans l'absence de leurs enfans, brûlent de l'encens en leur honneur, et lorsqu'ils sont présens les passent au soufre comme le vin et les abeilles. Bien plus : — Wehrfritz raconta à Rabette qu'il avait vu aussi la pupille de don Gaspard de Césara, l'admirable comtesse de Romeiro, qui, quoique âgée à peine de douze ans, avait une *tenue* pareille à celle d'une dame de la cour, et que le chevalier était heureux d'une telle pupille. Ces mots cruels attaquaient tout le système nerveux d'Albano, qui avait toujours été habitué à regarder don Gaspard comme le but unique de son existence; c'était un *frère terrible* dont on se servait pour l'effrayer et lui faire faire ce qu'on voulait. Cependant il n'eut point l'air d'entendre et dévora silencieusement sa peine; Wehrfritz connaissait fort bien cette souffrance intérieure de son élève, mais il continua comme s'il ne l'eût pas remarquée.

C'était maintenant au tour du Viennois de lancer quelques pots à feu dans le Vatican de ses succès, afin de faire briller les talens dansans et musicaux de ses ex-élèves. La fille du ministre, qui n'a que dix ans, ne sait-elle pas toutes les langues modernes, ne joue-t-elle pas déjà de l'harmonica, instrument qu'Albano ne connaissait pas même de nom, n'a-t-elle pas déchiffré et joué des sonates à quatre mains de Kotzeluch, et ne chante-t-elle pas comme un vrai rossignol les airs d'opéra les plus difficiles : ce qui a tellement affaibli sa poitrine qu'il a été forcé (le maître et non pas le rossignol), de quitter son élève? Et son frère, quel enfant précoce! N'a-t-il pas déjà dévoré tous les livres des cabinets de lecture, et particulièrement les pièces tragiques, qu'il joue par-dessus le marché sur des théâtres d'amateurs? Ne va-t-il pas au bal masqué qui doit se donner aujourd'hui? n'y réussira-t-il pas parfaitement s'il y rencontre l'objet qui l'inspire.

A chaque mot que gazouillait le colibri-Falterte, le hibou-Wehmeier, qui était placé précisément en face de lui, semblait n'attendre qu'une occasion pour sauter sur lui et lui tordre le cou. Cependant Falterte n'avait point d'intention méchante en parlant; il lui était de toute impossibilité de mépriser ou de haïr quelqu'un; car ses yeux intellectuels étaient tellement enfoncés dans son *moi* qu'ils ne pouvaient rien voir au-delà de ce *moi*; pauvre animal inoffensif, il ne cherchait à faire de mal à personne, et il voltigeait autour des gens comme le papillon pour leur montrer la beauté de ses ailes, et non comme un taon pour les piquer; il ne suçait point de sang, mais bien un peu de miel, c'est-à-dire une petite louange.

—Dites-moi, monsieur de Falterte, demanda avec simplicité Wehrfritz, pour porter le dernier coup à son pupille, le jeune ministre perche-t-il aussi quelquefois sur le haut des arbres comme notre Albano?..

C'en était trop pour toi, pauvre ame en peine; tu souris avec toute l'aménité d'un cadavre, et, enfonçant tes ongles dans les paumes de tes mains, tu sors, le cœur gros d'un nuage qui ne demandait qu'à crever.

Le pauvre garçon, après le pardon de sa chute adamique, et en voyant ce nouveau professeur paré qui lui était destiné, avait jeté sa dernière peau, et formé de bonnes résolutions. Depuis une heure, une main cachée avait réveillé l'homme dans le berceau de l'enfant... Il avait jeté loin de lui le bourrelet et la lisière, et, apercevant devant lui la robe virile, il s'en était revêtu, en disant:

—Et moi aussi je puis être un jeune homme!..

Ah! pauvre ami, l'homme, et surtout celui dont la joue est encore couverte de duvet, prend souvent le repentir pour la conversion, les résolutions pour des faits, les fleurs pour des fruits ; comme des branches nues de figuier sortent des excroissances qu'on prend pour des figues, et qui ne sont pourtant que l'enveloppe charnue des fleurs.

Devait-il souffrir qu'un étranger l'accusât auprès de son père, le ridiculisât devant le

Viennois?.. Non, non; il essuya ses larmes. et résolut d'aller à Pestitz cette même nuit, de se jeter aux pieds de son père, de lui tout avouer, puis de revenir chez Wehrfritz sans rien dire.

Au bout du village il rencontra un messager auquel il demanda la route de Pestitz, et qui s'étonna en voyant ce petit pélerin qui voyageait la nuit sans chapeau.

Que le lecteur revienne maintenant avec moi, et prenne place à la table que le jeune Césara vient de quitter. Le messager était porteur d'une mauvaise nouvelle pour le Viennois, nouvelle relative à ce fils de ministre, par lui si complaisamment loué, et qui se nommait Roquairol.

La petite comtesse de Romeiro, pupille, ainsi que nous l'avons dit, du chevalier, était fort jolie; les cœurs froids l'appelaient un ange, et les cœurs brûlans une déesse. Roquairol n'avait point de ces veines hollandaises où le sang stationne comme une liqueur congelée, mais bien de ces artères africaines où circule du métal en fusion. Il chercha, pendant que la comtesse était en visite chez sa sœur, à enflammer son cœur à l'aide de quelques étincelles lancées par le sien; mais elle lui opposa toujours la sœur de Roquairol comme un bouclier à l'épreuve du feu. Malheureusement elle était allée au bal masqué de la Redoute, dans le costume de la Charlotte de Werther, et ses charmes avaient été le point de mire de tous les yeux qui étincelaient sous des masques. Lui se démasqua intérieurement et extérieurement, et il implora d'elle, avec vivacité et promptitude (car elle parlait de faire un voyage), en joignant à ses paroles l'assurance et l'énergie de gestes qu'il avait acquises sur les théâtres de société, tout bonnement amour pour amour, rien de plus, rien de moins. La Lolotte de Werther lui tourna fièrement deux épaules sur lesquelles flottait une délicieuse chevelure ; et lui, rentrant chez lui, prit le costume et l'arsenal de Werther, et retourna au bal. Alors il s'approcha d'elle, les traits altérés, et lui dit, en lui montrant le célèbre pistolet : « Je me tue si vous me repoussez!... » Elle le regarda d'un air hautain et lui demanda ce qu'il voulait. Après qu'il le lui eût répété, non une fois, mais dix, après autant de *non*, tout aussi énergiquement prononcés par l'héroïne, l'Innamorato, dont le punch et les souffrances de Werther se disputaient le cerveau, lâcha la détente du pistolet qu'il avait tourné contre son front. Fort heureusement il ne s'emporta qu'un bout d'oreille, ce qui fait que de ce côté il a une anse de moins, et ne s'égratigna qu'un peu la joue. La belle inhumaine demanda immédiatement des chevaux de poste, et partit, tandis qu'on transportait Werther tout saignant au logis paternel.

Cette anecdote dérangea un peu les lauriers de la couronne de Falterle; mais elle inspira de l'inquiétude à Albine, à l'égard du jeune Césara; elle s'informa de lui dans la chambre des domestiques; bientôt le messager la mit sur les traces du petit garçon qui se promenait nu-tête. La pauvre femme, dont l'effroi était au comble, fut bientôt au bout du village. Un bon génie — c'était le chien Mélak — avait été pour le fugitif une insurmontable barrière. Le chien ne voulait pas quitter Albano, et d'un autre côté Albano ne voulait pas emmener le chien; ce dernier demandait des raisons, c'est-à-dire des coups ou des pierres, et l'autre avait à peine la force de lui dire avec douceur : « Mélak, va-t'en. » Il fallait de plus solides argumens pour décider ce serviteur fidèle, et le conflit n'était pas près de se terminer, d'autant mieux qu'Albano commençait à voir dans le lointain des ombres se dessiner ; lorsque la bonne Albine entra en scène.

La fierté et la colère du jeune homme ne purent résister aux effusions de tendresse d'Albine, et les yeux baignés de larmes il se jeta dans ses bras. Ce fut dans cette situation que le directeur provincial, qui s'était mis à la recherche du fugitif, trouva sa femme et son élève. Notre fonctionnaire, qui se repentait d'avoir été trop loin, prit la main d'Albano, et lui dit :

— Mais, petit démon, mes intentions à ton égard n'étaient point aussi mauvaises que tu le crois.

Cette réconciliation franche et ces marques de tendresse achevèrent d'arracher du cœur d'Albano tous sentimens hostiles, et il suivit son père et sa mère, en versant des larmes de joie, et, ce qui étonnera plus d'un physiologiste, avec un redoublement d'amour plus vif pour Wehrfritz que pour Albine.

J'ai plus d'une fois dans ma vie désiré être le témoin caché de toutes les réconciliations, de tous les raccommodemens qui se font dans le monde : l'amour n'est jamais plus tendre, plus profond, que lorsqu'il rentre dans un cœur qu'il a long-temps fait battre. Quel spectacle sublime pour les immortels que celui de deux êtres que le sort, ou une faute, a séparés, s'arrachant, comme la valisnérie[1], du sol fangeux de la haine pour s'élancer vers les nobles régions du pardon!...

[1] La valisnérie femelle croît sous l'eau, roulée sur elle-même; elle s'en élance, quand son bouton est prêt à s'ouvrir, afin de s'épanouir en plein air; alors la valisnérie mâle se détache de sa tige, et la poussière de son étamine nage à la rencontre du pistil de la plante femelle.

TROISIÈME PÉRIODE DU JUBILÉ.

SOMMAIRE.

Différentes méthodes des deux jardiniers pédagogues. — Préservatif contre la vanité. — Aurore de l'amitié. — Étoile du matin de l'amour.

CYCLE XVII.

Si nous ouvrons la porte de la chambre d'étude, nous y verrons, le matin, la vieille perruque couvrant l'œuf Albanoïde à deux jaunes, et le colibri prenant sa place le soir, comme on voit chez les pigeons le mâle et la femelle occuper le nid à tour de rôle.

Wehmeier, tout aussi bien que son acolyte, désirait saisir l'esprit de son élève par des leçons d'un genre neuf; malheureusement ce qui devait être neuf pour l'enseigné l'était également pour l'enseigneur. Ainsi que la plupart des vieux maîtres d'école, il ne savait d'astronomie que ce qu'il y en a dans le livre de Josué; d'histoire naturelle, que les lambeaux informes qu'il avait ramassés çà et là, vieilles erreurs d'un vieux système; de philosophie, que ce qu'en dit Gottsched, et pour celle-là il fallait un élève plus mûr; de tout le reste enfin, à bien dire, rien, si ce n'est un peu d'histoire. Il s'accrocha à ce peu comme à son talisman. Le pauvre homme avait huit enfans.

Trois routes historiques étaient ouvertes devant lui. Il pouvait suivre la route géographique, qui commence par la plus pauvre de toutes les histoires du monde : par l'histoire de la terre. Mais il n'y a que les Anglais et les Gaulois qui puissent commencer l'histoire comme un poème épique et la description de la terre par la fin; nous, Allemands, nous procédons diversement : une histoire spéciale, une patristique de Haarhaar, de Baireuth, de Mecklenbourg, donne à des dents creuses des noix creuses à casser, dépourvues d'amandes pour la tête et pour le cœur. N'enfle-t-on pas ainsi un rameau de l'arbre de l'histoire, sur lequel le hasard de la naissance a mis bas le jeune scarabée dissecteur, au point d'en faire, en dépit de toute proportion, un arbre généalogique? Et qui s'inquiète à

Berlin de la ligne successive d'un margrave, ou, à la cour, de celle des Hohenzoller?

La deuxième méthode est la méthode chronologique, qui commence le jour de la naissance du monde, de ce monde qui commença à naître, selon Petau et les rabbins, le 22 octobre, avant midi ; il continua cette opération jusqu'au 28 du même mois, premier jour de corvée et de maladresse du jeune Adam, puis la mit à fin le 29, premier dimanche, premier jour de pénitence et de carême de ce même Adam et de toute la longue progéniture Adamique.

Cette voie lactée était pour notre magister trop longue, trop déserte, trop inconnue. Il s'embarqua donc dans la route mitoyenne, qui serpente entre les deux précédentes, et conduit aux deux splendides Indes de l'histoire : en Grèce et à Rome. Les anciens font plus d'impression sur nous par leurs actions que par leurs écrits ; ils remuent plus notre cœur qu'ils ne flattent notre goût ; chaque siècle qui tombe lègue à celui qui va naître cette double histoire comme un double sacrement qui fortifie la vie morale des peuples.

Transportons-nous maintenant, par une belle matinée d'été, devant la porte de la vieille perruque, et écoutons par le trou de la serrure, de quelle voix le magister évoque dans Plutarque, ce Shakspeare de l'histoire, non les ombres des empires, mais la sainte famille des grands hommes ; jetons un regard sur le feu dont brille la prunelle du jeune enthousiaste à l'aspect de ces beaux antiques que son maître fait passer en revue devant lui. Oh ! si les nuées tempestueuses de l'héroïque passé se posent sur l'ame de Césara comme sur une haute montagne ; si de leurs flancs s'échappent des éclairs et une pluie fertilisante, toute la montagne ne sera-t-elle pas illuminée d'une clarté céleste, et ce qui y croîtra ne germera-t-il pas, rafraîchi et fécondé? Mais pourra-t-il bien alors descendre de ces hautes et sublimes régions pour regarder dans le présent?... Au milieu du tumulte d'applaudissemens excité par Caton et par Socrate dans le forum de Rome et dans l'agora d'Athènes, le maître et l'élève s'apercevraient-ils que la Xantippe du magister est là auprès d'eux, grondant, lavant, cuisinant et faisant le lit? Entendent-ils seulement le bruit que font les huit enfans? Non : leur grand nombre rend leur présence supportable ; car, dans une chambre, une seule mouche bourdonnante nous met au supplice, tandis que nous en supportons une nuée sans y faire attention.

CYCLE XVIII.

Nous voici arrivés à l'après-midi, et je vous conduis au moulin à polir du Vienuois, où notre Albano est condamné à passer entre les meules de la danse, du chant, de la musique et de l'escrime. Hélas! lorsque le jeune homme arrivait devant M. de Falterte, il venait de quitter avec Wehmeier un monde surnaturel, et son cœur, de même qu'un vaste édifice, répétait l'écho de ce qu'il avait entendu! De là résultait une très-grande inattention et d'innombrables distractions, pendant les leçons de l'homme aux belles manières. Ce n'était qu'aux jours où le magister n'avait pas

excité en lui une forte émotion, qu'Albano pouvait se plier aux exigences de Falterte ; de même que, pour argenter un objet doré, on est obligé de commencer par en enlever l'or. Le malheur voulait encore que la salle d'exercices se trouvât à côté du cabinet de travail du directeur. Il arrivait souvent, lorsque l'élève, préoccupé par ses souvenirs, manquait une chaîne anglaise, que Wehrfritz s'écriait en colère :
— De par tous les diables, chassez donc !.. Ou bien, lorsque l'apprenti musicien devait passer de l'allegro à l'adagio, il l'interpellait *fortissimo* par un :

—Pianissimo, Satan, pianissimo !.. Quelquefois même il quittait son travail pour assister à la leçon d'escrime, et quand il s'apercevait que tous les raisonnemens du monde ne pouvaient décider Albano à se remettre en quarte, il disait, furieux, au Viennois :

—Au nom du ciel, M. de Falterte, ne soyez pas un imbécile, et touchez, touchez ferme jusqu'à ce qu'il soit à la parade !...

Malgré tous ces désagrémens, notre héros faisait de grands progrès dans l'utile et dans l'agréable. A cet âge heureux de la vie, quelque détaché du monde extérieur que soit un jeune homme, il sent la nécessité de se façonner pour un monde dans lequel il est appelé à jouer un rôle, et, tout indigne de lui que lui paraisse cette servitude de son corps et de ses doigts, il ne voudrait pas pour un empire avoir l'air ridicule. D'ailleurs, les hommes qui ont une ame libérale enfermée dans un beau corps acquièrent des graces naturelles, et ne réclament pas le secours de la muraille à espalier et des ciseaux d'un de Falterte. Enfin Albano aimait beaucoup le Viennois, soit parce qu'à l'entendre se louer lui-même il dut le prendre pour un homme unique, soit parce qu'il mentait à bouche que veux-tu en parlant de don Gaspard, chevalier de la Toison-d'Or, et du rôle royal qu'il remplissait, soit enfin parce qu'il était d'une complaisance à toute épreuve. Pauvre homme! qui dissertait éternellement sur l'eau de beauté pour la figure, et la crème du sérail pour les mains, qui buvait et mangeait à peine, et qui, lorsqu'il jurait d'une manière ou de l'autre, le faisait dans une autre langue, imitant en cela la façon de prier des papistes! Bon diable, au demeurant, qui ne louait personne... excepté lui-même.

Le vaniteux, et la vaniteuse surtout, sont tout aussi difficiles à corriger que le joueur ; voici pourquoi : La plupart des péchés demandent une occasion, une certaine condition première, depuis le troisième jusqu'au dixième commandement inclusivement. On ne peut pas violer à chaque instant la sainteté du mariage, ni le dimanche, ni sa parole; il est aussi impossible de calomnier en soliloque que de jouer aux quilles ou de se battre en duel tout seul; et d'ailleurs, il y a beaucoup de péchés remarquables qu'on ne peut commettre qu'à la foire de Pâques, au jour de l'an, au *Palais-Royal* ou au Vatican; d'autres, tels que les péchés royaux, margraviaux et princiers, dans lesquels on ne peut tomber qu'une fois en toute la vie. Mais se louer mentalement! rien de plus facile à faire, le jour, la nuit, l'été, l'hiver, incognito, partout, dans la chaire, au prater, sous la tente du général, derrière un traîneau, sur le trône, dans toute l'Allemagne; surtout à Weimar[1]. Et cet arbre à baume immortel d'où s'exhale une fumée d'encens qui nous réjouit intérieurement, on voudrait nous l'enlever, nous le couper?... Oh! non.

[1] Allusion à Gœthe.

CYCLE XIX.

Lorsque l'histoire conduit un jeune homme dans la plaine de Marathon, ou au Capitole, il éprouve le besoin d'avoir près de lui un ami, un frère d'armes; mais rien de plus, et surtout plus de sœur d'armes; car il n'y a rien qui nuise plus à un héros qu'une héroïne. Dans le jeune homme à l'ame forte, l'amitié paraît avant l'amour; elle est comme l'alouette, elle se montre au printemps de la vie, et ne disparaît qu'à l'automne; l'amour vient et s'en va comme la caille, dans les temps chauds. Déjà l'alouette chantait invisible au cœur d'Albano; il trouva un ami, ce ne fut ni à Blumenbühl, ni dans la ville des Tilleuls, ni dans aucun pays, mais dans sa poitrine, dans son sein jeune et ardent : cet ami s'appelait Roquairol.

Cela se conçoit : depuis que Falterte fonctionnait auprès de Césara, le sujet perpétuel de ses entretiens était le fils du ministre. Pas une occasion qui n'amenât sur le tapis quelque circonstance qui se rattachait à sa vie. Le Viennois avait depuis long-temps dépeint comme un génie d'un ordre supérieur ce suicide, Roquairol.

Pouvait-il empêcher, Albano, les myrtes érotiques et les lauriers dramatiques du jeune enthousiaste de troubler son sommeil? A treize ans, Roquairol, au moyen d'un peu de poudre et de plomb, avait pris place parmi les hommes et salué le pavillon vainqueur du beau sexe ; de victime il était devenu sacrificateur, et, tandis que les progrès de Falterte n'allaient pas plus loin qu'un pas de menuet, Roquairol avait déjà saisi d'une main hardie le bâton de régisseur sur le théâtre de l'amour.

Quelle impression un tel caractère ne devait-il pas faire sur l'ame ardente de Césara!..

Il voyait en lui tantôt un Charles Moor, tantôt un Hamlet, un Clavigo, un Egmont. Il ne put apaiser ce désir de le connaître qui le dévorait, qu'en confiant ses sentimens au papier; il écrivit donc plusieurs lettres à cet ami idéal; et Falterte, toujours d'une complaisance qu'égalait seule sa forfanterie, se chargea de les remettre à leur destination; ce qui lui était d'autant plus facile, disait-il, qu'il se trouvait chez le ministre comme chez lui. Par malheur, il n'exerçait pas plus d'influence sur le vieux de Froulay que sur le jeune Roquairol, et il ne remit aucune des brûlantes épitres d'Albano; toujours un contre-temps avait empêché le destinataire de répondre; une fois c'était une maladie, une autre fois une absence, une troisième un surcroît de travail : mais Falterte ne manquait pas d'ajouter que son élève avait été enchanté.

CYCLE XX.

Albano de Césara n'était plus le même ; il venait d'atteindre cet âge où les chants du poète et du rossignol font une impression si profonde, où le cœur bat à l'aspect de ce qui est beau, où l'œil se mouille à chaque mot qui vient de l'ame. Le voile d'Isis de la nature était maintenant transparent pour lui ; il comprenait enfin le printemps, la lune, l'aurore et le ciel étoilé... Ah ! nous avons été tous ainsi une fois ; l'aurore de la vie nous a tous colorés de ses magiques rayons...... Pourquoi ne regardons-nous pas ces premiers-nés de nos sentimens, comme les premiers-nés des Hébreux, et ne les sacrifions-nous pas en holocauste sur l'autel divin?.. Quoi de plus pur, de plus brûlant que notre première amitié, que notre premier amour, que notre premier élan vers la vérité, notre premier sentiment de la nature!......

Toutes ces considérations empêcheront, j'espère, qu'on s'étonne de ce que je vais raconter. Le maître de danse, de musique et d'escrime ne tirait point vanité de ses pas, de ses notes ni de ses bottes secrètes; mais il était fier de sa littérature, d'autant mieux qu'il avait employé avant personne les nouveaux noms de mois, l'orthographe de Klopstock et les caractères français dans ses lettres. Il n'était pas fâché qu'on remarquât dans la maison de Wehrfritz qu'il s'entendait mieux en littérature que les autres Viennois, et qu'on crût d'un autre côté qu'il était mieux traité du beau sexe qu'il ne l'était réellement. Dans ce but il faisait circuler clandestinement certains portraits de dames qui lui avaient été donnés, disait-il, et qui prouvaient d'intimes rapports avec les originaux. Il est vrai que ce Falterte était pauvre; mais il soutenait avec d'autres hommes de son espèce, que, si le grand Salomon avait demandé la sagesse et avait obtenu des trésors, lui avait demandé des trésors et obtenu la sagesse et l'esprit. Entre autres vanteries, il désirait que la famille Wehrfritz pensât qu'il était au mieux avec son ex-écolière, la fille du ministre, (Liane, je crois, si je lis bien les pates de mouche de Hafenreffer), et qu'il lui parlait quand il voulait chez sa mère, madame de Froulay. Il n'y avait pas un mot de vrai dans tout cela; il ne se trouvait pas pour lui d'allée qui conduisît au temple qu'habitait Liane. Le but du Viennois était de donner un nouveau cours aux idées passionnées d'Albano, et d'empêcher qu'il ne s'aperçût bientôt des mensonges qu'il avait cousus les uns aux autres, relativement à Roquairol.

Ce Falterle si petit, si de niveau avec le sol, qui, devant tout individu placé sur un monticule, n'importe de quelle hauteur, ôtait son chapeau et saluait jusque dans la boue, en disant : « Votre très-obéissant serviteur », avait des préférences et des ménagemens. Il faisait exception de quelques personnes dans ses satires contre les gens de cour; jamais, par exemple, il n'eût osé dire que le vieux de Froulay était une pierre tumulaire sous laquelle de tendres plantes comme sa femme, sa fille, ne pouvaient que languir et sécher : c'était pourtant ainsi.

Ah! comment, pauvre Césara, pourrais-tu résister au portrait enchanteur que l'on retouche chaque jour devant toi pour l'embellir encore? Et ces qualités dont on comble cette jeune fille inconnue... inconnue ! que dis-je? N'est-elle pas la sœur de ton Roquairol, de cet ami qui t'attend? Et quel est l'homme qui n'a pas désiré ne former qu'une seule chrysalide avec la sœur de son ami, pourvu qu'elle ne soit pas affreuse? D'ailleurs, n'est-ce pas une habitante de cette ville des Tilleuls devant laquelle don Gaspard, comme les anciens Prussiens devant le bois habité par leurs divinités, a tiré un rideau impénétrable?... Enfin, n'as-tu pas seize ans et demi?.. Par conséquent on ne peut pas trouver mauvais que nous nous intéressions davantage à ce qu'il fera dans le 21ᵉ Cycle qu'à ce qu'il fait dans le 20ᵉ.

QUATRIEME PÉRIODE DU JUBILÉ.

SOMMAIRE.

Style élevé de l'amour. — Le calendrier de poche de Gotha. — La communion et le tonnerre. — Promenade nocturne dans l'Élysée. — Nouveaux acteurs, nouveaux théâtres. — Ultimatum des années d'écolier.

CYCLE XXI.

Combien de jeunes adolescens, bienheureux adams de seize ans et demi, étendus sur l'herbe soyeuse du paradis fantastique qu'ils se sont créé, cherchent à former leur future compagne avec une portion de leur cœur! Ils ne la cherchent point, comme l'Adam-modèle, à côté d'eux, mais le plus loin possible. Il paraît que l'éloignement embellit, car les jeunes gens nubiles se hâtent de monter en chaise de poste et de galoper vers la ville où ils se sont fait recommander, persuadés que les femmes doivent être là bien supérieures à celles qui habitent la ville qu'ils quittent. Du reste, à peine la chaise de poste est-elle arrivée, que d'autres jeunes gens s'empressent d'y monter et de courir à leur tour vers la ville d'où les autres sont venus:... cela fait compensation.

Albano suivait la loi commune, et cette femme qu'il n'avait jamais vue, qui n'était pas près de lui, lui semblait le chef-d'œuvre de la création. Il aurait donné tout au monde pour voir sur le sable l'empreinte de ses pas, pour découvrir d'elle un souvenir quelconque, une fleur brodée au tambour, ou une étoile à pelotonner le fil.

Je me suis souvent surpris moi-même, désirant avoir devant moi sur ma table une poignée de terre de la lune, ou quelques pincées de la poussière du soleil, afin de toucher au doigt quelque chose que j'ai été habitué à regarder comme impalpable. Nous autres auteurs de poids et de considération, nous produisons le même effet sur le commun des lecteurs. La plupart d'entr'eux ne peuvent parvenir à se rendre un compte exact de la manière dont nous mangeons une tranche de jambon, ou dont nous buvons un verre de bière, ou dont nous mettons nos bottes. Ils sont remplis d'une respectueuse admiration lorsqu'ils lisent des passages biographiques où il est question du rasoir de Lessing, de la selle anglaise de Shakspeare, du bonnet d'ours de Rousseau, du nombril du psalmiste David, des manches d'Homère, du ruban de queue de Gilbert, du bonnet de nuit de Ramler, ou du crâne chauve qui est sous celui de votre serviteur.

Albano s'était cependant déjà tracé une image assez raisonnable de Liane et de sa mère; celle-ci était une grande femme enveloppée d'un grand nuage d'où ne sortait que sa tête: et la fille était un petit enfant qui, de ses deux petites ailes, voltigeait dans une petite nue toute blanche. Mais il voulut autre chose, ne fût-ce qu'une rose fanée qu'aurait effleurée son haleine. Bref, à défaut de mieux, il pria le directeur de lui rapporter quelques livres de la bibliothéque ministérielle, quand il reviendrait de Pestitz; il espérait que les pages en auraient été touchées par la main de Liane, peut-être même qu'elle y aurait laissé quelque marque. Par malheur Wehrfritz regardait les romans comme un poison, et ce ne fut qu'à la cinquième fois qu'il se décida à rapporter à son élève un roman de madame de Genlis, et le calendrier de poche de Gotha.

Ces livres adorables (en comparaison desquels mes œuvres, la bibliothéque d'Alexandrie et la bibliothéque bleue ne sont que des rebuts), étaient revêtus de tous les caractères qui distinguent les livres qu'ont lus les dames; ils portaient chacun un fragment des ornemens de leurs têtes : celui-ci un dé de poudre, comme elles; celui-là une papillote, comme elles. De plus il s'en exhalait une odeur embaumée, il semblait qu'on ouvrait les portes du paradis... Ah! bienheureux lecteur futur de ces livres, peux-tu désirer quelque chose de plus?...

Eh bien, Albano y trouva quelque chose de mieux. Sur les deux derniers feuillets en parchemin du calendrier de poche de Gotha, il vit les mots suivans : « Concert pour les pauvres, le 21 février, et, spectacle pour les pauvres, le 1ᵉʳ novembre. » Il m'est arrivé à moi-même plus d'une fois de trouver sur ces deux dernières pages blanches tout ce qu'il y avait d'intéressant dans le livre.

— C'est l'écriture de mon écolière, dit aussitôt Falterte : elle et sa mère manquent rarement ces occasions-là, parce que le ministre n'aime pas qu'elles donnent beaucoup aux pauvres.

Laissons les cœurs froids s'inquiéter de savoir si l'écriture était belle, si l'on n'écrit pas mieux sur le parchemin que sur le papier ordinaire; disons seulement qu'Albano était dans le septième ciel, et que ses yeux ne cessèrent de dévorer les deux lignes tracées par sa divinité.

Il apprit par cœur le calendrier de poche de Gotha.

CYCLE XXII.

Une Pentecôte comme celle que je vais décrire ne se trouve que dans l'histoire des apôtres ;... et dans la tienne, ô Albano !...

Il avait été souvent question de l'état de débilité de Liane ; état causé par plusieurs maladies dont elle s'était vue assaillie depuis son enfance. Mais quel fut le saisissement de Césara, lorsqu'un jour le directeur provincial, à son retour de Pestitz, annonça à sa famille qu'à la Pentecôte prochaine la fille du ministre recevrait le sacrement de la communion, parce qu'on craignait que la mort ne frappât cette tendre fleur avant que les rayons du soleil ne l'eussent épanouie !

Que de pages il me faudrait pour peindre la douleur d'Albano, et ses différentes phases! Quoi! cet ange qu'il avait rêvé, et qui cependant existait, on le lui enlèverait!... Pour abréger, il ne trouva d'autre moyen d'exhaler son désespoir que celui-ci : il fit des tragédies! pauvre homme! il mit dans la bouche des personnages qu'il créait toutes les expressions désordonnées que lui inspirait sa douleur.

Plus l'époque de la cérémonie approchait, et plus l'angoisse d'Albano augmentait. Enfin il pria, supplia ses parens adoptifs de lui permettre d'approcher de la sainte table le même jour. Si pour la première fois la faiblesse du jeune corps de Liane avait avancé sa confirmation, la vétusté de l'église du village, où l'on ne pourrait pas pendant un an encore célébrer le service divin, fut le prétexte que fit valoir notre héros.

L'imagination exaltée d'Albano le conduisit un jour dans le clocher de cette église où il devait prononcer son premier serment. Peu à peu ce vide immense que parcourait sa vue se peupla d'êtres surnaturels; parmi eux, en première ligne, il rêvait deux personnes inconnues, mais bien chères : un ami, une amante! et il s'écriait :

Oh! où trouverai-je, dans ces espaces immenses, pendant une vie si courte, ces deux ames que j'aimerai si fortement?

Bon jeune homme! et qu'y a-t-il donc de plus pénible et de plus long à trouver qu'un cœur? Lorsque l'homme est en présence de la mer ou des montagnes, des pyramides ou des ruines, lorsque le malheur se dresse devant lui et s'apprête à le frapper, qu'invoque-t-il? l'amitié. Lorsque des torrens d'harmonie charment son oreille, lorsque la douce clarté de la lune se joue sur les feuilles des arbres, lorsque le printemps renaît, qu'implore-t-il?... l'amour. Et qui ne les chercha jamais l'un et l'autre, est mille fois plus pauvre que celui qui les a perdus tous deux.

Le jour est venu, entrons dans l'église. Déjà le matin un gros nuage noir planait sur la vieille tour, et, par momens, de son sein s'échappait un coup de tonnerre; mais lorsque Albano s'approcha de l'autel et voila tout son amour pour Liane d'une prière longue et fervente qu'il adressa au Ciel pour elle; au moment où, plongé dans une religieuse et mystique extase, il sentait que son ame purifiée devenait plus digne de celle à laquelle elle brûlait de s'unir, la tempête éclata dans toute son effroyable majesté. Le néophyte, dominé par son enthousiasme, ne pensa qu'à un être, qu'à une chose : à Liane et à la foudre qui pouvait la frapper à Pestitz, dans l'instant même où elle se lierait à Dieu. Puis, quand un coup de tonnerre plus lointain se fut fait entendre du côté de la ville des Tilleuls, il crut voir sa Liane foudroyée au pied de l'autel...

Mais la douzième heure chassa ces affreuses illusions et dissipa l'orage. Albano sortit de l'église, et vit sur sa tête un ciel pur et bleu, du sein duquel le soleil semblait sourire à la terre, et lui annoncer que Liane aussi était sortie, heureuse et bénie, de la première épreuve à laquelle elle eût été soumise.

CYCLE XXIII.

Ce n'est pas seulement par égard pour la postérité liseuse que j'entre dans des détails aussi minutieux sur tes premières années, ô Césara! mais bien pour toi, afin qu'à l'époque de tes vieux jours, tu retrouves ici la peinture de ta jeunesse. Je t'assure que tu ne rencontreras rien jamais qui te soit plus agréable à lire.

La nuit suivante méritait bien à elle seule un cycle tout entier. Peu de jours après la Pentecôte, Albano apprit que Liane était retombée malade, et, comme pour donner raison à ses pressentimens, le même jour où elle avait communié pour la première fois. Il sut de plus qu'elle était à Lilar, antique château de plaisance du vieux prince. La barrière élevée par son père ne s'étendait pas jusqu'à Lilar... Albano pourrait peut-être apercevoir le reflet de la lampe de Liane, entendre les accens mourans de son harmonica ; qui sait? peut-être rencontrer son frère dans le jardin... D'ailleurs c'était une magnifique nuit du mois de juin... il y alla.

Après bien des détours, il se trouva dans Lilar, au sommet d'une petite colline d'où la vue s'étendait sur tous les alentours. De tous côtés des vers luisans projetaient leur molle lumière : vous eussiez dit une immense illumination.

—Et c'est là, s'écrie Albano, dans ce royaume de feu, que se cache l'ange futur de ma destinée ! Où habites-tu, Liane? Est-ce là dans ce temple blanc? ou bien dans cette chaumière arcadienne?

Il s'agenouilla devant une pierre de forme bizarre, qui se trouvait sur la montagne, et il pria pour que la maladie s'éloignât de celle qu'il aimait... il pleurait, et sa tête s'inclinait sur l'autel rustique. Il entendit des pas qui semblaient gravir la colline..... il tremblait d'effroi et de joie tout à la fois... ne pouvait-ce pas être son père?.. Il resta à genoux. Bientôt parut sur le sommet de la montagne un vieillard de haute taille, mais un peu courbé, ressemblant au noble évêque de Spanenberg : sur son visage calme se peignait une douceur angélique ; il ne laissait apercevoir nulle trace de souffrance, et ne semblait en redouter aucune. Le vieillard joignit de nouveau les mains du jeune homme pour qu'il continuât sa prière, puis il s'agenouilla à son côté et pria avec lui : cette teinte d'exaltation que produit d'ordinaire le contact sublime et idéal du créateur avec la créature, donnait aux traits de l'inconnu une expression toute céleste. Cette réunion et ce silence avaient quelque chose de surnaturel. Les derniers rayons de la lune, qui avaient éclairé jusque-là la scène, s'évanouirent peu à peu. Le vieillard se leva alors, et demanda avec bonté à Albano son nom et sa demeure ; après qu'ils les lui eut dits, l'inconnu ajouta :

— Prie en chemin le Dieu tout-puissant, mon fils, et rentre chez toi avant l'orage.

La voix et les traits de l'étranger restaient gravés dans le cœur d'Albano. Les nerfs ébranlés, le front brûlant, il était là debout, le jeune homme, au milieu des ténèbres que rendaient visibles de temps à autre les éclairs qui sillonnaient la nue ; à cette rapide clarté, il apercevait au-delà du jardin enchanteur qu'il avait traversé, un autre jardin, mais sombre, tortueux, effroyable : c'était comme le Tartare, à côté des Champs-Élysées... Il s'éloigna, le cœur plein de mille sentimens opposés. L'avenir et les hommes qu'il renferme lui semblaient se rapprocher de lui, et, derrière le rideau que l'obscurité avait élevé devant lui, il croyait voir, comme derrière le rideau d'un théâtre, des lumières aller et venir...

Quand il fut rentré, le bruit du tonnerre et la voix qui lui avait parlé se confondirent dans sa tête : et pendant long-temps le sommeil se refusa à clore ses paupières.

CYCLE XXIV.

Il arriva un jour que la vieille princesse et le ministre Froulay passèrent par le village. Depuis long-temps ils s'étaient partagé le maniement des affaires de l'état, à l'ennui comme aux plaisirs desquelles le vieux prince avait renoncé. L'église de Blumenbühl servait de sépulture aux princes régnans, et comme elle menaçait ruine, on ne trouvait pas décent qu'elle s'enterrât elle-même dans sa tombe première. Le bon prince étant tombé malade depuis peu, les visiteurs dont il est question venaient juger de l'importance des travaux nécessaires pour mettre un couvercle sur cet immense sépulcre.

Le directeur provincial visita l'église avec la noble compagnie, et l'invita ensuite à se reposer chez lui. Parmi les personnes qui accompagnaient ces vices-gérans, nous n'en ferons remarquer que trois : 1° l'intendant provincial des bâtimens Dian; 2° le conseiller ès arts Fraischdoerfer, qui représentait les arts; 3° la petite princesse... qui représentait la nature.

Le Viennois aperçut cette brillante société, à l'aide d'une lorgnette, au moment où il venait de poser ses pieds (longs d'un pied et demi) dans un bain de moutarde. Pauvre homme, qui, à force d'emprisonner ses grands pieds dans de petits souliers, était parvenu à les fertiliser au point de leur faire produire une immense quantité de cors, de tous genres et de toute taille! Il allait se trouver forcé d'enfoncer tout cela dans de petits souliers d'enfant, afin de faire de l'effet. Il se serait volontiers donné au diable...

Albano était aux anges, lui. Chaque personne qui venait de Pestitz, lui semblait un être surnaturel. Il contemplait avec vénération cette tête de vieille femme, enveloppée dans de longues coiffes, sans doute afin de cacher quelques rides trop profondes. Elle promenait ses regards d'Albano à Rabette, et de celle-ci à celui-là, et elle souriait avec bonté. Toujours les mères qui se rendent mutuellement visite, quel que soit leur rang, commencent par admirer réciproquement leurs enfans... Du diable si les pères en font autant! Que ne savait-il, Césara, que dans la jeune princesse il voyait une amie intime de Liane; il aurait été bien plus prévenant pour elle, et n'aurait pas laissé à Rabette le soin exclusif de l'entretenir.

Je glisserai sur le seul membre de la société qui déplut à Albano : le conseiller ès arts Fraischdœrfer, dont le visage, semblable aux draperies des saints, se déroulait en plis nombreux. Voici la cause de l'antipathie du jeune comte : il avait voulu, plusieurs années auparavant, que le pudique Albano posât devant lui, nu jusqu'à la ceinture, je ne me rappelle plus si c'était pour le peindre ou pour le sculpter; mais le petit bonhomme fit tant des pieds et des mains qu'on fut obligé de renoncer à ce projet, et de se contenter de son visage. Comme tout a changé depuis, ô mon cher modèle ! maintenant, pendant de longues années, il faut que tu poses devant moi, non-seulement à mi-corps, comme le désirait le conseiller, mais encore en pied, et mon œil indiscret pénètre jusqu'à ton cœur pour en peindre les sensations. Pauvre Albano !...

Il dut peut-être à la gracieuse élégance de son corps tout l'intérêt qu'il inspira, dès le premier abord, à Dian, beau jeune homme, à la taille élancée, aux cheveux noirs et aux yeux noirs, qui dans chaque mouvement déployait une nouvelle grace, de ces graces qui ne doivent rien à l'art, mais tout à la nature. Il s'approcha de Césara et d'un coup d'œil il le jugea. Ce dernier, avec sa voix vibrante, ses regards timides, mais pénétrans, sa posture immobile, comme s'il avait pris racine à l'endroit qu'il occupait, offrait un beau mélange de culture intérieure et de supériorité morale, de pudeur virginale et de bonté mâle... il ressemblait à un ermitage dans une forêt, qu'on aurait garni de meubles dorés. Avec une naïve effusion de cœur, l'intendant des bâtimens dit au jeune comte :

—Nous nous verrons maintenant toutes les semaines : je viendrai pour inspecter les travaux.

Toute la famille Wehrfritz examina les équipages et leurs habitans dans les plus petits détails. Le maître de danse, avec ses pieds soumis à une machine de compression, avait la moitié du corps dans le purgatoire, et l'autre dans le ciel, car la jeune princesse se souvenait parfaitement des cinq positions qu'il lui avait enseignées. Le directeur, Albine et Rabette étaient dans un contentement parfait. Quant à Césara, c'était encore un pas de plus qu'il avait fait, son ambition prenait les armes, son arbre de liberté était en fleur, les étendards de ses souhaits de jeune homme flottaient entre la terre et le ciel; et, sur une couronne de myrte, il posait un casque pesant, sur le cimier duquel s'élevait un magnifique panache...

Le cycle suivant est spécialement destiné à faire comprendre ce qui pourrait paraître obscur aux lecteurs dans ce passage.

CYCLE XXV.

Tous les sens d'Albano étaient maintenant éveillés ; son esprit puissant avait dépassé ses maîtres, de toute la différence qui existe entre l'inspiration et la routine ; il en cherchait d'autres et n'en trouvait pas. Son père, qui errait en Italie, lui manquait... Il se plaignait qu'on lui eût fermé l'entrée de ce Pestitz, siége des muses, qui en comptait à présent une de plus. Son imagination, son cœur, son sang, son ambition travaillaient avec une force tout herculéenne. Il en est du cerveau comme d'un tonneau où une liqueur fermente, tout est à craindre si vous y laissez un vide.

Dian remplit ce vide.

Dian venait chaque semaine à Blumenbülh ;

on eût dit qu'il était chargé de faire le plan de la démolition comme celui de la construction. Un jeune homme qui voit pour la première fois un Grec, n'en peut croire ses yeux; il le prend pour une transfiguration classique, pour un feuillet arraché de Plutarque. Si son cœur bat aussi fort que le mien, si ce Grec est de plus un descendant des Spartiates, un Maïnotte invaincu, comme Dian, qui a sucé le lait de la science à la double mamelle d'Athènes et de Rome, n'est-il pas naturel qu'un jeune enthousiaste, tel que le nôtre, passe chaque journée dans la poussière des décombres de la vieille église, pour épier à travers ces nuages de plâtre l'arrivée de son Xénophon?

Dian accompagnait son nouvel ami dans ses promenades; il lisait souvent avec lui pendant la moitié des nuits; il l'introduisait dans ce monde sacré des Homère et des Sophocle, lui faisant voir et comprendre ces grands hommes à l'âpre génie, si développés et si sublimes. Ensemble ils plongeaient dans les créations de ces merveilleux Prométhée-jumeaux, qui, comme Salomon, avaient du temps pour tout, pour aimer, rire, pleurer, manger, craindre et espérer; qui sacrifiaient sur les autels de tous les dieux, mais d'abord sur celui de Némésis. Et Dian, dont l'homme intérieur était complet, dont toutes les facultés avaient atteint leur terme de croissance, marchait à côté d'Albano comme un Grec Sophocléo-homérique. Jusque-là Césara, chaque fois qu'il avait fait un effort pour sortir, ne fût-ce qu'un moment, du monde étroit où il était enfermé, avait vu Wehmeier et ses parens courir après lui avec une chaire pour eux et une chaise pour lui ; ils l'avaient placé sous une toise de leur hauteur : permis à lui de s'élever jusque-là, mais non de la dépasser, dût sa tige pleine de séve et de vigueur croître courbée au lieu de pousser droite. Dian brisa ce bras de fer qui pesait sur la tête de son ami, et lui ouvrit l'univers pour qu'il y grandît et y respirât librement.

—« Au jeune homme les feux Saint-Elme, disait-il, au vieillard la glace : le cœur d'un homme plein d'énergie a besoin, comme un vase de porcelaine, d'être moulé trop grand ; le feu des passions pour l'un et celui du four pour l'autre, les rétréciront assez tous deux.

L'architecte unissait, comme souvent les artistes et les Suisses, la culture de la civilisation à la simplicité campagnarde, semblable en cela à son art favori, dans lequel, plus que dans tous les autres, on joint la beauté à la raison; il conduisit d'abord son jeune ami dans l'amphithéâtre de la philosophie, mais il ne s'enferma pas avec lui dans l'intérieur : au contraire, ils restèrent dehors et écoutèrent par la fenêtre. Il ne le fit point descendre dans la carrière profonde de la métaphysique pour assister à l'enlèvement une à une des pierres qui la composent; mais il l'introduisit dans le bel édifice qu'on a construit avec ces pierres de la théologie naturelle. Bref, il cacha le squelette et la mythologie de la métaphysique dans le corps d'un théanthrope religieux; et cela doit être ainsi : on apprend mieux la grammaire quand on sait la langue, que la langue quand on sait la grammaire, et ce sont les chefs-d'œuvre qui enseignent la critique... Il est malheureux qu'on agisse souvent au rebours. Nos jeunes gens secouent bien l'arbre de la science, mais ils en font tomber, au lieu de fruits, des gouttes d'eau et des chenilles.

Lorsque Albano s'enflammait à la rencontre d'une grande idée sur l'immortalité ou sur la Divinité, l'architecte exigeait qu'il écrivît ce qu'il avait lu et ce qu'il sentait; il pensait, et moi aussi, que rien ne peut suppléer l'impulsion produite par l'écriture, pas même la lecture ni la conversation ; et qu'un homme apprenait plus en écrivant six mois qu'en lisant trente ans.

Quelles heures ravissantes coulèrent ainsi devant notre héros ! Qu'est-ce que la fête chinoise des lanternes, en comparaison de la fête sublime où un jeune homme illumine du feu de son génie toutes les chambres de son cerveau, et écrit ses premiers ouvrages à cette céleste clarté !

Temps heureux, trois fois heureux !... tu es passé pour moi depuis long-temps. Oh ! les années qui ont vu l'homme tracer ses premiers écrits, ces pages où le désordre des pensées s'ennoblit de la chaleur créatrice du cœur; où il découvre ses premiers mondes et monte de vérité en vérité ; ces années brillent d'un éclat que rien ne peut jamais ternir, et restent toujours présentes à notre mémoire, quoique ces pensées ne soient plus que des vérités surannées ou que des mensonges rajeunis. Hélas ! tu ne peux plus revenir, époque ineffaçable de notre premier amour pour la vérité, et ces soupirs que tu m'arraches me rendent encore plus chère ta mémoire... Si tu reviens jamais, ce ne sera pas du moins sur cette terre si unie, si froide, mais bien quand la main de la mort, levant le couvercle sépulcral de ce puits où nous nous agitons, pâles ouvriers sans salaire, nous conduira dans de nouvelles contrées, riches d'amour et de béatitude !...

Ce fut vers cette époque qu'Albano apprit à connaître Rousseau et Shakspeare ; le premier l'éleva au-dessus de son siècle, le second au-dessus de la vie. Celui-ci s'emparait violemment de son cœur, et par la vérité frappante de ses tableaux et de ses personnages, et par ses continuels élans vers les régions de l'infini.....

CYCLE XXVI.

Pendant que Dian élevait dans le cœur d'Albano un plus beau temple que celui dont il surveillait la construction, mourut la princesse régnante, qui avait préparé d'avance pour son époux une tombe qu'elle devait inaugurer la première. Cet événement changea bien des choses. Il fallut rappeler d'Italie le prince héréditaire Luigi pour remplacer sa mère et occuper comme régent un trône sur lequel son père gisait et ne siégeait pas. Don Gaspard, qui jusque-là avait fermé l'oreille aux supplications que contenait chacune des lettres de son fils, lui écrivit les lignes suivantes.

— A mon retour d'Italie je te verrai dans

l'Isola Bella, lieu de ta naissance. On ira te prendre.

Dans ce billet laconique, les lecteurs qui ont une légère teinture de diplomatie auront facilement deviné que le Chevalier avait le projet de profiter de cette réunion pour jeter les fondemens d'une liaison entre son fils et le jeune prince.

Le temps qui s'écoula avant l'arrivée du messager que devait envoyer don Gaspard sembla à Albano une éternité ; le village n'était plus pour lui qu'un cachot. Son plan de vie futur était, comme celui de tous les jeunes gens, d'atteindre le plus haut possible ; il voulait, par exemple, faire le bonheur d'un pays, l'embellir, l'éclairer, devenir un nouveau Frédéric II sur le trône, c'est-à-dire une nuée d'orage qui a des foudres d'excommunication pour les pécheurs, des éclairs pour les sourds, les aveugles et les estropiés, des averses pour les insectes, des gouttes d'eau chaude pour les fleurs altérées, de la grêle pour les ennemis, de l'attraction pour tout, feuilles et poussière, et un arc-en-ciel au bout de tout cela ! Mais comme il ne pouvait pas succéder à Frédéric II, il prit le parti de se borner à être ministre, d'autant mieux que Wehrfritz lui avait beaucoup parlé de la longueur de ce sceptre bâtard, marcotte et bouture de l'autre sceptre. Dans ses heures de loisir il s'amuserait à devenir un grand poëte et un philosophe.

Je serai ravi, cher comte, que tu parviennes à être le seul et unique second Frédéric II : mon livre en profitera, et je ferai mon chemin comme historiographe sorti de la vieille racine des Xénophon, des Quinte-Curce et des Voltaire !

CYCLE XXVII.

Ce fut tout naturellement notre bibliothécaire titulaire Schoppé que don Gaspard envoya porter à son fils le billet d'invitation pour l'Isola Bella. Le ravissement d'Albano fut grand, et ce ne fut que quelques jours plus tard qu'il se méprit sur le caractère de cet original qui pesa dans une balance fort juste ce nouvel enfant de la nature. Il avait cela de commun avec le directeur provincial, qui, fatigué un jour des attaques de Schoppe sur la constitution germanique, s'écria en colère :

— Monsieur, en supposant qu'il y ait quelque chose qui cloche, un honnête Allemand doit se taire, quand il ne peut pas remédier au mal, surtout dans ces temps mauvais !

Ce qu'il y avait de plus beau, c'est que, d'après l'ordre du prince Luigi, Dian allait se mettre aussi en route pour rapporter de Rome des copies de l'antique...

Allons, partez, amis, afin que vous reveniez bientôt pour entrer enfin avec moi dans Pestitz. Va, pauvre enfant, ou plutôt pauvre abeille sauvage, tu regretteras plus d'une fois d'avoir échangé tes ruches des arbres contre celles de la ville... Ne vois-tu pas le chagrin que cause ton départ? Ton vieux père nourricier te quitte sans te dire adieu, parce qu'il ne s'en sent pas la force; ta mère Albine s'afflige autant que si on lui enlevait le fruit de ses entrailles... et ta pauvre Rabette court s'enfermer au grenier pour y pleurer en liberté, après t'avoir donné un portefeuille sur lequel est écrit : *Pense à nous*. Il te reste aussi plus d'une larme à verser, Albano; ton vieux précepteur Wehmeier a encore quelques paroles pour toi, qui seront entrecoupées par ses sanglots; je l'entends te dire :

— Je suis un pauvre vieillard usé qui n'a plus devant lui qu'une fosse; toi, au contraire, tu es un jeune homme plein de force qui possèdes les langues, les anciens et de splendides talens donnés par Dieu... Certes je ne vivrai pas assez long-temps pour te voir homme célèbre; mais mes enfans te verront, et, quand je ne serai plus, je te lègue ces pauvres innocens; entendez-vous, monsieur le comte?

Chaque pas que tu fais prépare un souvenir en te donnant un règne. Adieu ton jardin, ton vallon, et cette montagne que tu vois là-bas, où pour la première fois tes yeux se sont reposés sur la demeure de ta Liane, dont tu t'éloignes aussi...

Tourne tes yeux humides vers cette bleue Italie, et que la molle haleine du zéphyr qui l'a quittée sèche tes pleurs. A toi la vie, à toi les armes, à toi les plaisirs!

A quoi rêvé-je là?... Ne savons-nous pas tous qu'il y a long-temps qu'il est en route, qu'il est même revenu, puisque depuis trois mortelles périodes de jubilé il est là, à cheval, entre Schoppe et Augusti, devant Pestitz, où il ne peut entrer à cause de la fermeture des portes de...

CINQUIÈME PÉRIODE DU JUBILÉ.

SOMMAIRE.

Le docteur Sphex. — Le cadavre qui tambourine. — La lettre du chevalier. — Vue rétrospective du lit de mort. — Julienne. — Le prince Luigi. — Roquairol. — Cécité soudaine. — Goût de Sphex pour les larmes. — Le doloroso de l'amour.

CYCLE XXVIII.

Albano descendit de cheval devant la porte du médecin provincial Sphex, son hôte futur, qui lui cédait la moitié de son palais, acquis par ses cures, et situé dans la ville haute, le Westminster de Pestitz, car la ville basse n'est occupée que par les étudians et les marchands; c'est la cité.

Le docteur Sphex, petit homme trapu, était, au moment de l'arrivée de la cavalcade, debout, à côté d'un homme très-long, assis sur un banc de pierre et tenant dans ses mains deux baguettes avec lesquelles il s'apprêtait à frapper sur un tambour d'enfant; et au signal du docteur, l'homme long battit un faible roulement, et Sphex lui dit tranquilement : Chenapan!... Il se tourna ensuite du côté des voyageurs, mais laissa continuer le roulement en disant : Pendard!... Aussitôt que le dernier coup de baguette fut donné, il ajouta vivement : Infâme!...

Le docteur conduisit sans cérémonie ses hôtes dans sa maison, après avoir fait un signe de la main au tambourineur, pour qu'il ne bougeât pas. Après avoir ouvert plusieurs portes, il leur dit : — Entrez, messieurs, dans vos trois *cavites*.

Albano se trouva dans une chambre tendue de rouge, où la main libérale de son père n'avait rien oublié de ce qui pouvait l'embellir; il y vit même les livres qu'il avait laissés à Blumenbülh. Il craignit un moment que la sensation forte qu'il éprouvait en songeant que quelques rues seulement le séparaient de Liane, ne le trahît.

— Y a-t-il des lettres? demanda le Lecteur, du ton sec qu'il employait avec les bourgeois? Va la chercher, Van Swieten, dit Sphex à un petit marmot qui, en société de deux autres,

Boerhave et Galien, s'occupait derrière un rideau à examiner les nouveaux venus.

— Notre vieux maître, dit Sphex, comme s'il y avait quelque rapport entre cela et la lettre, a cessé de régner: depuis cinq jours il est mort, ainsi que je l'avais prédit long-temps d'avance.

— Le vieux prince? demanda Augusti tout étonné.

— Comment se fait-il, ajouta Schoppe, que je n'entende point de glas funèbre, et que je n'aperçoive ni boucles de souliers d'acier noir, ni larmes, ni chagrin dans la ville?

Le médecin expliqua pourquoi. Comme médecin de la cour, il avait très-exactement et très-hardiment pronostiqué le jour de la mort de son malade. Mais le lendemain de cet événement était justement le jour où le prince héréditaire voulait faire son entrée dans la ville, et l'on craignait avec raison que, si l'on publiait cette mort, les larmes que le peuple répandrait n'éteignissent les lampions allumés en l'honneur du retour de Luigi: d'ailleurs on eût été obligé de tendre de crêpes les arcs de triomphe sous lesquels il devait passer, et cela aurait été de fort mauvais goût. Pour remédier à cet inconvénient, on avait résolu, au grand dommage de la réputation prophétique de Sphex, de tenir ce malheur caché jusqu'après la joyeuse entrée du successeur; imitant en cela le Grec qui, en apprenant la nouvelle de la mort de son fils, décida qu'il ne prendrait le deuil que le lendemain, afin de ne point interrompre le sacrifice d'actions de grâces qu'il était en train d'achever. Sphex assura que depuis bon nombre d'années il avait prévu la phthisie du prince défunt, en voyant la blancheur de ses dents[1]. Jamais il n'avait mieux deviné une mort, et il laissait à penser quel tort immense cette suppression de décès devait lui faire.

— Mais, interrompit Schoppe, on agit avec les grands seigneurs morts comme avec les soldats tués que l'on continue à porter après leur mort sur la liste des vivans : on ne peut guère faire autrement; car s'il est déjà si difficile avec les grands de s'apercevoir qu'ils vivent, il ne l'est pas moins de découvrir s'ils sont morts; le froid, l'immobilité et la corruption même prouvent si peu! Peut-être, au reste, cache-t-on le catafalque des rois comme on cachait chez les Persans les tombeaux des monarques, afin d'abréger le plus possible, en

---

[1] La blancheur excessive des dents passe, dit-on, pour un diagnostic de phthisie.

faveur des pauvres sujets, l'âpre interrègne qui se trouve entre la mort de l'un et l'avénement de l'autre. D'ailleurs, puisque c'est une fiction reconnue que les rois ne meurent jamais, nous avons encore des graces à rendre à Dieu de ce qu'on nous fait part de leur décès : au moins il n'en est pas d'eux comme de l'immortel Voltaire, dont il a été défendu aux journaux d'annoncer la mort.

Au bout d'un certain temps Van Swieten, Boerhave et Galien apportèrent une lettre adressée à Albano, revêtue du sceau de don Gaspard : il se hâta d'ouvrir sans réflexion l'enveloppe. Mais Augusti la ramassa vivement, et examina les armes du cachet avec toute l'attention d'un homme employé à la chancellerie secrète, et il secoua la tête.

— Les enfans ont-ils dérangé quelque chose au cachet ? demanda vivement Sphex.

— Mon père, dit Albano, après avoir parcouru rapidement la lettre, sait déjà la mort du prince. Augusti, qui observait le docteur, secoua une seconde fois la tête; car il avait observé avec quelle rapidité Sphex avait sauté de la question de la lettre à la mort du père de Luigi, et il s'était fait certaine idée !

Césara fut enchanté quand le médecin proposa à ses gardes-du-corps de leur montrer leurs chambres : son ame avait été si fortement ébranlée par la lecture de la lettre de son père !

CYCLE XXIX.

Lorsque Sphex introduisit le bibliothécaire dans sa chambre, elle était déjà occupée par une caisse de vipères, venue d'Italie, trois quarts de quintal de lin, un panier de fer-blanc, trois souliers de soie de la Doctoresse, un dévidoir et une provision de fleurs de camomille. Le couple médical avait pensé que tout ce qui était pédagogique devait nicher ensemble; mais Schoppe, se tournant du côté d'Augusti, dit avec une teinte d'ironie :

— Plus deux hommes sont grands et doués d'imagination, moins ils doivent vivre ensemble, sous la même couverture. Les grands insectes qui vivent de fruits sont toujours seuls;

il n'y a qu'un ver dans une noisette; tandis que les petits qui vivent de feuilles sont par milliers sur la même feuille.

Césara, lui, aurait voulu que son ami de cœur, son frère d'armes, ne le quittât ni jour ni nuit; mais Schoppe avait raison. Les amis, les amans et les époux devraient avoir tout en commun, tout, excepté la chambre; les grossières exigences et les petits hasards corporels s'amassent comme la fumée d'une lampe autour de la flamme si pure et si blanche de l'amour. De même que, plus le son de notre voix est éloigné, plus l'écho répète de syllabes; de même l'ame qui doit refléter la nôtre demande à n'en pas être trop près; plus loin les corps, plus près les ames.

Le docteur s'en alla rejoindre le tambourineur, dont voici l'histoire. Sphex, depuis plusieurs années, avait des notions particulières sur la sécrétion de la graisse, et sur le diamètre des cellules à graisse; il avait réuni ces observations en corps d'ouvrage : mais il ne voulait publier son volume que lorsqu'il pourrait y joindre des planches explicatives, et il comptait pour cela sur le tambourineur qu'il se proposait de disséquer. Il s'était chargé de nourrir ce pauvre imbécile, nommé Malz, attaqué de la maladie nommée gras fondu, à condition qu'après sa mort le docteur aurait le droit de procéder à l'autopsie du cadavre. Il y avait déjà un an que ce singulier pensionnaire habitait la maison de Sphex, et celui-ci s'apercevait de jour en jour qu'il maigrissait au lieu d'engraisser, et que d'anguille il devenait céraste. Il ne pouvait concevoir d'où ce dépérissement provenait, car il ne le laissait avoir ni chagrin, ni contrariétés, ni vinaigre, ni la moindre chose.

Ce cadavre mouvant était condamné à porter toujours un tambour à son cou, parce qu'il était aussi sourd qu'entêté, et qu'il entendait mieux en battant la caisse ce que son donne-pain et son futur disséqueur lui disait[1].

Schoppe entendit de sa fenêtre le docteur qui gourmandait ainsi son squelette : — « Je voudrais que le diable eût emporté ton maudit bienheureux père, au lieu de le laisser mourir. Tu diminues à force de pleurer,

---

[1] Derham, dans sa physico-théologie (1750), fait la remarque que les sourds entendent mieux au milieu du bruit ; par exemple sous des cloches qu'on sonne ; certaine aubergiste sourde entendait fort bien quand son valet d'écurie battait de la caisse. Voilà pourquoi sans doute, lorsque passent les rois et les ministres, qui ont d'ordinaire l'oreille un peu dure, on tire le canon et on sonne de la trompette, afin qu'ils entendent mieux le peuple.

comme du drap de soldat qu'on trempe dans l'eau ; tu ne le feras pas revenir, ton père, imbécile, quand même tu te fondrais en rivière. Veux-tu mieux battre que cela, animal !... As-tu donc oublié, maraud, que tu as fait un marché avec moi, aux termes duquel tu dois engraisser de ton mieux, et que tu voles le pain que tu manges? Il y en a tant d'autres qui ne demanderaient pas mieux que de devenir gras, si on leur donnait de quoi... Et toi !... voyons, qu'as-tu à dire? »

Le pauvre diable laissa tomber son tambour sur sa cuisse, et dit en soupirant :

— « Hélas ! Dieu ne bénit point notre marché de graisse : c'est pourquoi j'amoindris ainsi tous les jours ; mais c'est égal, je suis un honnête homme, et je ne veux pas vous faire tort. Dorénavant, je vous promets de ne plus penser à feu mon pauvre père. »

CYCLE XXX.

La lettre paternelle qui avait tellement ému Albano, était conçue dans les termes suivans :

« Cher Albano, j'ai appris que ta sœur ve-
» nait de quitter ce monde ; la lettre qui m'ap-
» prend cette triste nouvelle est datée du ven-
» dredi-saint ; c'est ce jour-là qu'elle est mor-
» te. Je suis résigné. Mais ton aventure avec
» le jongleur de l'île me surprend d'autant
» plus. Une telle prophétie prouve une con-
» nivence dont j'aurai sans doute la trace en
» Espagne. Je crois connaître déjà ton impos-
» teur. Sois prudent le jour de ta naissance :

» aie des armes, du sang-froid, et s'il t'est pos-
» sible, saisis-toi du *jongleur* : mais ne te
» donne point un *ridicule* pour cette affaire.
» — Dian est à Rome et travaille beaucoup.—
» Prends par complaisance le deuil pour no-
» tre bon vieux prince.—Addio. »

G. de C.

Ah! ma pauvre sœur! s'écria Albano! Et il tira de son sein le médaillon qui la représentait avec les rides d'une vieillesse qui ne lui était point réservée. Il pleura en lisant l'inscription : *Nous nous reverrons*. Maintenant que la vie s'ouvrait pour lui large et belle, le destin de sa sœur l'affectait davantage; sa douleur s'augmentait encore de l'idée que lui peut-être était la cause innocente de sa mort, puisque c'était pour lui sans doute que le terrible Zahouri avait préparé cette tragédie. Et c'était sa sœur jumelle, et il semble que cette consanguinité-là soit plus proche que l'autre... Quel sort m'est réservé? pensa-t-il. « Prends la couronne, » dit la voix... Mais laquelle? demanda l'ambition... et il chercha à deviner si cette couronne devait être de lauriers, d'épines ou de métal... « Aime la belle... avait-elle dit aussi... Mais cette fois il ne demandait pas laquelle. Seulement, depuis que la prophétie du père de la mort s'était réalisée, il craignait que la voix qui lui parlerait le jour de sa naissance ne nommât un autre nom que celui de la bien-aimée.

Le soir, après que les voyageurs eurent achevé leur installation, le lecteur Augusti conduisit le jeune comte auprès du prince Luigi. Ce dernier avait l'habitude de passer une demi-heure chaque jour dans son cabinet de tableaux pour y copier des sujets; ce fut là qu'il leur avait fait dire de l'attendre. Ils y allèrent. Je ne m'amuserai pas à décrire tout ce que renfermait ce cabinet; seulement les lecteurs ne seront pas surpris, en se reportant au testament de la comtesse de Césara, si le jeune Albano éprouva un sentiment de terreur en voyant tous ces tableaux, sur les clous de chacun desquels il eût volontiers appuyé les doigts, s'il avait été seul.

Mais la princesse Julienne, que vous et moi connaissons déjà, puisque nous l'avons vue à Blumenbülh, était là. Elle brillait de tous les charmes de la jeunesse; et l'on ne s'en apercevait que quelques jours après s'être épris d'un violent amour pour elle, ce qui la faisait paraître plus jolie encore; car, qu'on ne s'y trompe pas, Cupidon est plutôt le père que le fils de la déesse de beauté, et son carquois et son bandeau forment la meilleure boîte à mouches et la plus belle ceinture de Vénus que je connaisse.

La princesse était occupée à dessiner le moule en plâtre d'une belle tête de vieillard, qu'Albano retrouvait vaguement dans ses souvenirs, sans pouvoir se rappeler le nom de l'original qu'elle représentait. Julienne, négligeant l'étiquette, dit avec sensibilité en levant les yeux :

— Ah! mon cher Augusti, mon père est mort à Lilar!... Le mot Lilar donna à l'instant même un corps au souvenir incertain du jeune comte, et il retrouva dans ce pâle visage de plâtre les traits du vieillard qui, au clair de lune d'une belle nuit d'été, lui avait joint les mains sur la montagne de Lilar, et s'était séparé de lui en disant : — Rentre chez toi avant l'orage.

Un autre qu'Albano aurait commencé par demander le nom de l'original du buste, sauf ensuite, s'il y avait lieu, à raconter son aventure nocturne; mais il prit, vif qu'il était, le dernier parti. A peine eut-il abordé ce sujet, qu'Augusti essaya de l'empêcher de continuer;

mais Julienne lui fit signe de ne pas l'interrompre, et le jeune homme, dans toute la simplicité et l'émotion de son cœur, décrivit cette scène touchante, ce rendez-vous sur le bord d'une tombe entre deux voyageurs, dont l'un partait, et dont l'autre arrivait.

— C'était mon père! s'écria Julienne en pleurant et souriant tout à la fois, c'est là son buste.

Césara s'en approcha, et dit en joignant les mains :

— C'est donc toi, bon vieillard, que j'aurais tant aimé!..

Et les larmes qui s'échappèrent de ses yeux étaient le plus bel habit de deuil dont il pût se revêtir.

Cette ame de femme, si tendre, si naïve, se laissa entraîner par l'émotion d'Albano, et la barrière du décorum s'abaissa un moment. La vie féminine et celle des cours ne sont qu'une position immobile et prolongée au port d'arme; la bonne Julienne, aux cheveux légèrement crépus, avait soin, dès que cette position l'ennuyait, de mettre l'arme au pied, et en faisant cela elle n'offensait personne que la grande maîtresse de la cour. Elle raconta comment son vieux père, parvenu à cette époque de la vie où notre tombeau se place près de notre berceau, ne pouvait s'endormir sans s'être enfermé dans sa chambre avec un vieux prédicateur de la cour, qui récitait des prières près de son lit ; comment quelquefois elle et mademoiselle de Froulay (Liane) avaient suppléé le prêtre dans ces fonctions pieuses. Elle dit comment, arrivé à cette avant-cour de la tombe, son père avait perdu le souvenir des anciens objets de son amour ou de son amitié, et demandait continuellement sa femme, dont il avait oublié la mort récente.

A quoi bon nous appesantir davantage sur ces dernières scènes du dernier acte de la vie, où, comme il arrive le soir aux calices des fleurs, le cœur de l'homme se referme et devient méconnaissable ?

Julienne et Liane n'étaient point de ces amies qui s'embrassent à travers leurs voiles, et qui s'étreignent mutuellement sans déranger l'économie de leur coiffure ; elles s'aimaient vivement des yeux, des lèvres et du cœur, comme deux anges.

CYCLE XXXI.

Tout à coup se glissa, dans ces effusions et dans ces récits, le successeur au trône, ou plutôt le second hiver d'un vieillard déjà glacé, Luigi. Sa figure plate et poreuse n'exprimait que cette mélancolie perpétuelle, partage des dilapidateurs de la vie ; quelques mèches de cheveux gris se jouaient dans sa chevelure rare, sans doute comme avant-courrières des dents de sagesse, et son ventre s'avançait, volumineuse et infertile superfétation. Il s'approcha d'Albano avec une exquise politesse, à travers laquelle perçait cependant une expression de mépris pour les hommes en général. Il entassa beaucoup de questions les unes sur les autres, quelquefois même sans attendre les réponses ; il semblait éprouver lui-même tout l'ennui qu'il causait, car la vie n'est plus longue pour personne que pour celui qui l'a raccourcie.

Albano, étranger à cette classe d'êtres, qui lui rendait bien son indifférence, ne s'aperçut pas d'abord de toute la profondeur du fossé qui le séparait du prince ; il éprouvait seulement un certain malaise, comme les gens qui, sans le savoir, ont un chat dans leur chambre. Le jeune comte avait rapporté de chez Wehrfritz, qu'il entendait fort souvent défendre les droits des peuples contre les princes, une certaine antipathie pour le successeur Luigi ; elle s'accrut de toute la honte et de tout le dégoût que lui inspirait la manière impudique avec laquelle le prince tirait devant lui le rideau, — ou l'espèce de tablier — qui voilait les nudités de ses tableaux. Bien que cet innocent et futur souverain fît ce *Voyage pittoresque* dans sa galerie avec toute l'impassibilité d'un inspecteur de Musée ou d'un anatomiste, et qu'il cherchât plutôt à montrer ses connaissances qu'à en acquérir de nouvelles, notre héros éprouvait à chaque mot et à chaque geste une colère concentrée, que je chercherai à peine à excuser par la présence de la princesse : 1° elle ne levait les yeux que pour les porter sur le buste de son père ; 2° depuis quelque temps, les montres des dames et leurs éventails sont ornés, pour obéir à la mode, de petits sujets qui nécessiteraient pour Albano l'emploi fréquent d'un autre éventail. Ses yeux étincelaient d'indignation, une vive rougeur colorait ses joues, ce qui faisait un contraste admirable avec le calme parfait et l'immobilité des traits du lecteur. Luigi sourit à ce manque de bon goût et à cette pudeur de jeune fille ; mais, lorsqu'on fut arrivé dans une seconde salle, où la licence se changeait en cynisme, Albano demanda et obtint la permission de prendre congé de la société, et il partit sans Augusti, qui devait le même soir remplir ses fonctions de lecteur.

CYCLE XXXII.

Le moment était venu, la cour fit savoir (la douleur l'empêchait de parler) que le Nestor des morts venait de mourir. Je passe sous silence la douleur et la joie que cette nouvelle répandit dans la ville : larmes pour le départ de l'un, transports d'allégresse pour l'arrivée de l'autre. Le médecin provincial Sphex fut chargé (car ce n'est que nous autres sujets qu'on sert comme les bécasses et les goujons, avec toute leur fressure, à la table des vers) de vider le corps de l'ancien souverain. Le défunt fut étendu le soir sur un lit de parade ; la couronne et tout l'appareil électrique de la foudre du trône gisaient, tout aussi froids que feu leur propriétaire, sur un tabouret, placé tout à côté ; il avait autour de lui, bien entendu, les cierges et les garde-cadavres d'usage. Ces suisses de la mort (cette expression me frappe, et je vois d'ici dans ce moment la liberté étendue sur son catafalque des Alpes, et les Suisses la gardant), se composent ordinairement de deux conseillers d'état, de deux conseillers de chambre, et ainsi de suite. L'un de ces conseillers de chambre était le capitaine Roquairol. L'on pourrait peut-être me demander comment il se faisait qu'un jeune homme qui ne s'entendait pas mieux au métier de conseiller que l'un de ceux de ***, pût être quelque chose dans la chambre de la guerre, si je ne prenais d'avance le parti de prévenir mes lecteurs ingénus que cela arriva par l'intermédiaire du vieux de Froulay : il avait l'adresse de ramener toujours le vieux monarque sur des souvenirs de la jeunesse du prince, parce qu'alors il était ému, et qu'on obtenait de lui tout ce qu'on voulait. Que cette conduite est haïssable et méprisable !... Quoi ! un pauvre prince ne peut pas se permettre un sourire, une larme, de ces larmes qui font tant de bien, sans qu'il y ait là une sangsue de cour toute prête à se cramponner à la partie pleurante ou riante de son individu pour y sucer une grace ou un emploi ?....

Julienne alla visiter à neuf heures, ce même soir, la seule personne dont le cœur battît à l'unisson du sien, Liane. Celle-ci, quoique souffrant d'une horrible migraine, lui offrit de prendre encore part dans sa peine, dans son désespoir... Elles s'assirent devant une fenêtre et le calme majestueux de la nature augmenta encore l'exaltation de leurs idées. Elles se firent mutuellement des promesses de nonnes, des promesses si difficiles à tenir dans tous les rangs, mais surtout dans celui qu'occupait chacune des enthousiastes ; elles voulaient ne jamais se quitter, vivre exclusivement l'une pour l'autre. Chaque fois que ce sujet de conversation commençait à s'épuiser, Julienne pensait à son père, qui dormait à Lilar.

Enfin elle pria son amie de la suivre à Lilar et d'adoucir en la partageant la dernière et la plus profonde des douleurs d'une orpheline, celle de revoir pour la dernière fois le corps inanimé de son père. Liane y consentit avec empressement, mais il fut difficile d'obtenir la permission de madame de Froulay. Je les vois descendre l'une et l'autre de voiture à Lilar : la petite Julienne, les yeux inondés de larmes et changeant à tous momens de couleur, et Liane, à la taille élevée, et pâle de son deuil et de sa migraine.

Elles trouvèrent là Roquairol, dont l'ame inflammable ne demandait qu'une larme venant du cœur, pour prendre feu. Toute la soirée il avait contemplé avec une crainte respectueuse ce vieillard immobile qui, peu de jours auparavant, était comme lui en possession du flambeau de la vie. Il regardait toujours, et du fond de ce sépulcre il lui semblait qu'il sortait une main qui s'avançait pour saisir son cœur.

Les jeunes filles pleuraient en songeant aux traits glacés qu'elles allaient voir ; elles pleurèrent davantage en s'apercevant qu'ils étaient embellis. La main de la mort avait effacé les rides que chacune des dernières années était venue creuser sur son visage ; son menton, que l'âge avait déjà rendu saillant, ne l'était plus, ses joues creuses s'étaient enflées d'un embonpoint factice.... Une mouche de taffetas noir qui couvrait une blessure qu'il s'était faite en tombant, fit plus d'impression sur Julienne que tous ces faux semblans de vie. Elle ne remarqua que les larmes et non les mots prononcés par Liane :

—Oh! qu'il repose bien !...

— Mais pourquoi repose-t-il ? demanda vivement Roquairol, avec cet accent passionné puisé sur les théâtres de société, et en serrant fortement la main de sa sœur... Pourquoi ? c'est qu'on a arraché son cœur de sa poitrine, et qu'avec lui ont disparu le grand rouage des joies et le grand rouage des pleurs...

Cette épouvantable allusion à l'ouverture du corps du vieillard, agit puissamment sur la pauvre Liane, déjà souffrante ; elle fut obligée de détourner la vue de cette poitrine voilée, que son imagination lui peignait entr'ouverte.

Mais l'exalté continua : — Sens-tu comme cet éteuf du sort, comme cette roue d'Ixion des désirs, s'agitent douloureusement en nous ? Il n'y a qu'une poitrine sans cœur qui soit paisible...

Tout à coup Liane jeta sur le cadavre un regard plus long et plus fixe... Une lame tranchante et froide comme celle de la faulx de la mort s'appuyait sur son crâne ;... il lui sembla que la lumière vacillante des cierges devenait de plus en plus terne,... puis elle vit dans un coin de l'appartement une nuée noire qui voltigeait et grandissait... Cette nuée s'approcha d'elle et étendit sur ses yeux le voile épais de la nuit ; cette nuit pénétra sous ses paupières humides encore de larmes, et la pauvre enfant ne put que s'écrier : — Ah ! mon frère, je suis aveugle !

L'homme dur comprendra, mais pas une seule femme, que cette affreuse tragédie jeta une joie esthétique au milieu de l'âpre désespoir de Roquairol. Julienne se sépara du mort et de sa vieille douleur, et son cœur s'ouvrit à une douleur nouvelle. — Ma pauvre Liane ! s'écria-t-elle ; quoi ! tu ne vois pas ? Oh ! je t'en prie, regarde-moi !...

— Dis-moi, demanda Roquairol, en essuyant des larmes glacées qui coulaient lentement sur les joues de Liane, un ange exterminateur aux ailes rouges voltige-t-il dans ta nuit ? Ne jette-t-il pas dans ton cœur de jaunes aspics et dans l'édifice entier de tes nerfs des *épées-de-mer* qui les scient ? J'aime ces sensations dans ma douleur, ce sont des chardons qui m'aplanent [1] et me préparent pour ma destinée. Pauvre aveugle, n'est-ce pas que je t'ai rendue de nouveau bien malheureuse ?...

— Insensé ! dit Julienne, voulez-vous la tuer ?

---

[1] Aplaner, opération au moyen de laquelle, à l'aide de chardons on fait venir la laine au drap et aux couvertures.

— Oh! ce n'est point sa faute. Déjà, pendant ma migraine, un brouillard obscurcissait ma vue.

La séparation des deux amies fut plus triste encore que ne l'avait été leur réunion. Liane pria sa femme de chambre de taire ce malheur à sa mère, au moins pour cette nuit : elle espérait qu'avant le lendemain elle serait guérie. Mais en vain ; la femme du ministre avait l'habitude d'embrasser sa fille avant de se coucher, et Liane fut obligée de se faire conduire auprès d'elle ; mais la pauvre enfant, habituée qu'elle était à poser sa tête sur le cœur maternel, se trompa de côté quand sa mère lui eut ouvert les bras ; d'ailleurs cette situation si neuve pour elle lui arrachait des larmes qu'elle cherchait vainement à retenir. Tout fut deviné, tout fut avoué. Madame de Froulay envoya chercher immédiatement le médecin de la cour, et le docteur Sphex ne fut pas long-temps à paraître ; il examina les yeux, tâta le pouls, puis dit avec assurance que ce n'était qu'une défaillance de nerfs (nervenfalliment).

Le ministre, qui était entouré de limiers à bonnes oreilles, sut bien vite ce qui s'était passé. Il arriva aussitôt, et tant que Sphex fut présent il se contenta de faire en français la petite observation suivante : — *Voyez, madame, comme votre Lekain, votre fils, votre acteur favori, joue son rôle à merveille!*

Dès que le médecin fut parti, Froulay fit une décharge générale de toute son artillerie colérique. — Ce sont là, dit-il, les suites de votre système ridicule d'éducation. — (N'avait-il pas beaucoup à se louer de celle qu'il avait donnée à son fils?) — Puisqu'elle était malade, pourquoi avez-vous laissé sortir cette folle? *Vous aimez, ce me semble, à anticiper le sort de cette rêveuse un peu avant qu'il soit décidé du nôtre*[1].

Elle se tut, et son silence le fit continuer avec plus d'aigreur encore.

— *Oh! cela sied si bien à votre art féminin de rendre aveugle et de l'être soi-même; le dieu de l'amour s'offre à vous pour modèle.*

La pauvre femme dit seulement : — Mon cher ministre, brisons là, et songez à ménager la malade.

— *Voilà précisément ce qui fait votre affaire,* dit-il en riant ironiquement.

---

[1] Il fait allusion à un projet de divorce qui existait entre les deux époux, et qui n'avait été retardé que par leur désir mutuel de conserver Liane.

Ce fut en vain que Liane essaya d'intervenir en faveur de son frère, son père avait plus de haine pour le tourmenteur que de compassion pour la tourmentée, et il le prouva en disant :
— Tais-toi, folle. Mais je défends à votre Lekain, madame, de reparaître dans ma maison jusqu'à nouvel ordre.

CYCLE XXXIII.

Le comte Albano n'avait point encore appris le malheur arrivé à Liane, lorsqu'il descendit pour dîner. Il trouva le docteur Sphex qui riait de toutes ses forces, et qui, penché sur la table, avait placé deux petites soucoupes sous ses yeux. Il se leva et redevint sérieux. Il avait lu dans les archives physiologiques de Reil, que, selon Vauquelin et Fourcroy, les larmes ont la propriété de teindre en vert, et qu'en outre elles contiennent de l'alcali. Pour en avoir la preuve il s'était efforcé de rire aux larmes afin de les appliquer à son expérience; il aurait pu atteindre le même but par la douleur, mais il se connaissait et savait fort bien que, quelle qu'elle fût, elle ne lui arracherait pas une goutte d'eau.

Il laissa ses hôtes seuls pendant un moment. Madame Sphex ne se montrait pas, Malz était assis sur une ottomane ; les enfans avaient des mines satiriques ; bref, l'impertinence demeurait dans cette maison comme dans son temple naturel.

A la fin, comme prélude du dîner, apparut la doctoresse aux joues roses, avec trois ou quatre esprits, ou panaches en plumes, vêtue d'un costume de bal, dont les valseurs avaient enlevé la couleur par le frottement, et tenant à la main un éventail cassé.

Le beau Césara fut pour elle aveugle, sourd et muet ; mais il est des femmes auxquelles, quoi qu'on fasse, on ne peut parvenir à déplaire ; Schoppe en eut bientôt trouvé le secret.

Le repas commença ; Augusti, beau mangeur, ne trouva à redire à rien, pas même aux serviettes trouées, parce que souvent à la cour on lui en avait passé au cou de pareilles. Il vint d'abord un service composé de mets d'un ordre et d'une qualité inférieurs, avant-courriers d'un corps d'armée de la plus belle apparence. Pareille chose m'est souvent arrivée, quoique j'eusse certainement préféré qu'il en fût des repas comme des écrits périodiques où l'on donne en premier les bons articles et les médiocres après.

Augusti demanda à Madame Sphex quelle était l'heure convenable pour se présenter chez le ministre. Albano eût couru grand risque, sans cette question, d'apprendre chez M. de Froulay, ou peut-être même auprès de Liane elle-même, l'accident qui était arrivé à la jeune fille. — Vous pouvez, répondit Sara, la doctoresse, envoyer simplement votre domestique ; il s'inscrira pour vous tous..... pauvre Demoiselle !

Cet événement inattendu donna naissance à un orage de questions. — Ce n'est que trop vrai, répondit Sphex, qui vit avec plaisir tous les yeux se mouiller, ce qui était d'un bon augure pour son épreuve ; il fit signe à sa femme d'avancer quelques assiettes en guise de lacrymatoires. Puis il narra les différentes circonstances qui avaient précédé et amené cette catastrophe, en ayant soin de jeter tout le blâme à la porte de Roquairol.

A la surprise générale, le jeune comte de Césara se rangea seul du parti du frère de Liane. Il se rappela les liens étranges, mais sacrés pour lui, qui l'unissaient à ce jeune homme, et d'ailleurs il était bien aise de voiler, sous la discussion que cette controverse amena, toute l'émotion que lui avait fait éprouver la nouvelle de la cécité de sa bien-aimée. Il demanda brusquement au docteur :

—Où avez-vous donc mis le cœur du vieux prince ?

—Je ne l'ai pas, repartit Sphex surpris, il est dans le tartare [1], quoique certainement il eût mieux valu, dans l'intérêt de la science, qu'on m'eût laissé le disséquer ; il était gros et d'une forme singulière.

La première question qu'adressa Albano au lecteur, lorsqu'ils furent de retour, eut trait à l'observation de la femme du docteur relativement à l'envoi d'un domestique chez le ministre. Il l'expliqua. En effet, il est de mode à Pestitz comme à Leipsick, que lorsqu'un homme meurt ou éprouve une calamité notable, sa famille dépose dans l'antichambre une feuille de papier blanc, de l'encre et des plumes, afin que les personnes qui prennent intérêt à l'événement ou qui feignent d'en prendre, ce qui est la même chose, puissent envoyer

[1] Le Tartare est la partie déserte et sauvage de Lilar, à côté de l'Élysée.

leurs laquais pour qu'ils y inscrivent leurs noms, tant bien que mal. C'est un endossement commercial d'une profonde sympathie, qui, à l'aide d'un système représentatif confié aux domestiques, déjà les télégraphes de nos cœurs, rendent la douleur et notre part de chagrin plus douces, grace à l'encre et aux plumes, merveilleux perfectionnement de l'esprit humain !

— Quoi, mon Dieu! c'est cela? s'écria le naïf Albano, effrayé plus qu'à l'ordinaire à la pensée de voir changer ses domestiques en chrysographes ou chargés d'affaires de ses sentimens. — O les égoïstes imposteurs !.... Vous épanchez votre cœur par l'intermédiaire de laquais!.... Lecteur, j'aimerais mieux adresser des complimens de condoléance à Satan, que de le faire de cette manière!

Pourquoi les passions de ce jeune homme sont-elles exaltées à ce point? C'est que tout l'a ému : non-seulement la douleur que lui cause la catastrophe de Liane, mais encore l'étonnement de voir le destin profiter de chaque circonstance pour intervenir dans sa vie. Cette expression de Roquairol : une poitrine sans cœur, résonnait à son oreille, comme si elle ne lui était pas inconnue; enfin il se rappela que la même phrase, mais retournée, lui avait été adressée par le sphinx de l'Isola-Bella : un cœur sans poitrine, avait-il dit... Ainsi cette énigme-là encore se trouvait expliquée, et le lieu indiqué où il devait apprendre, suivant la prophétie, le nom de sa fiancée.—O Liane, que ce ne soit pas un autre nom que le tien ! s'écria le pauvre Albano.

SIXIÈME PÉRIODE DU JUBILÉ.

SOMMAIRE.

Les dix persécutions contre les lecteurs. — La chambre de Liane. — Discussion sur la patience. — Le jardin du ministre. — Victoire remportée par Albano sur lui-même.

CYCLE XXXIV.

J'enfante dans une semaine plus de postulats, d'apophthegmes, de philosophismes, d'adages érasmiques, de pensées de La Rochefoucauld et de caractères de La Bruyère, qu'il ne m'est possible d'en dépenser pendant six mois, ou d'en servir comme entremets à mes *petits soupers*. Voilà pourquoi le nombre des lots de manuscrits non imprimés que renferme ma roue de fortune, s'augmente en proportion des tirages et des billets gagnans de manuscrits imprimés que je fais sortir. De cette manière je disparaîtrai un beau jour de ce monde sans y avoir rien dit.

Mais pourquoi ne fais-je rien et ne laissé-je pas ouverte une ou deux des écluses de mon trésor littéraire, afin qu'il fertilise les alentours? Je me borne à exercer dix persécutions contre les lecteurs; je donne ce nom à mes dix aphorismes, parce que je regarde mes pauvres lecteurs comme des martyrs de leurs opinions, et moi comme le tyran ou persécuteur qui exige qu'ils en changent. Si l'on veut bien regarder ce qui précède comme la première persécution, l'aphorisme suivant sera la

DEUXIÈME.

Rien ne balaie mieux et ne passe mieux au tamis nos prétentions à la supériorité et nos manies, que de les voir parodiées par d'autres. Le génie ne peut trouver de meilleur polissoir que ses singes. Si chacun de nous pouvait voir marcher à côté de lui un double-moi, un Archimime parfait[1], qui répéterait sa manière de saluer, d'ôter son chapeau, de danser, de parler,

---

[1] On nommait ainsi chez les Romains un homme qui suivait dans un convoi le cercueil de mort, et qui imitait les gestes et l'ensemble de la personne défunte.

de se fâcher, de s'en faire accroire ; ô mon Dieu !.. une telle répétition de nos dissonances nous rendrait tout autres hommes et moi et vous. Le premier et le plus petit pas que cela nous ferait faire vers la discrétion et la vertu, serait que nous ne regarderions plus notre Méthodologie corporelle, c'est-à-dire notre démarche, notre costume, notre prononciation, nos jurons, nos gestes, comme ce qu'il y a de mieux au monde, mais que nous les envisagerions de la même manière que les étrangers. Les princes ont un bonheur plus grand encore : les courtisans qui les entourent se font le plus exactement possible leurs copistes, et leur offrent autant de miroirs où ils peuvent reconnaître leur moi... sans doute pour jouer le rôle de l'ilote que les Grecs enivraient pour dégoûter les enfans, de l'ivrognerie... Mais les courtisans atteignent rarement leur but louable, parce que le prince (et le même danger serait à craindre pour nous), ne croit pas à de parfaits ménechmes, et s'imagine qu'en morale, comme en catoptrique, tous ces miroirs réfléchissent à rebours.

TROISIÈME.

Il est plus facile et plus commode à l'homme de flatter que de louer.

QUATRIÈME.

Dans les siècles qui nous ont précédés les hommes semblent grandir ; dans ceux qui nous suivront, nous les voyons se rapetisser, dans toute leur beauté. Il en est de même des nuages : ceux qui se trouvent au-dessus de nos têtes nous paraissent marcher droit ; ceux qui montent l'horizon, s'étendre au loin, et ceux qui en descendent, se racornir au moment de disparaître.

CINQUIÈME.

La vieillesse n'est pas triste parce que nous y perdons nos plaisirs, mais parce que nous y perdons nos espérances.

SIXIÈME.

La vieillesse des femmes est plus sombre et plus isolée que celle des hommes : épargnez donc en elles les années, les douleurs et le sexe. En outre, la vie ressemble à ces arbres — piéges où les piquans sont disposés en entonnoir, la pointe en haut ; l'ours parvient facilement à grimper jusqu'au miel qu'on a placé pour appât au sommet de l'arbre, mais lorsqu'il veut redescendre, les pointes lui traversent le corps de tout côté.

SEPTIÈME.

Ayez pitié de la pauvreté, mais une fois davantage de l'appauvrissement ; c'est elle et non pas lui qui corrige les peuples et les individus.

HUITIÈME.

L'amour diminue la finesse des femmes, et augmente celle des hommes.

NEUVIÈME.

Lorsque deux hommes en se retournant brusquement heurtent leurs têtes, chacun s'excuse avec inquiétude et croit que c'est l'autre qui a eu seul la douleur, et lui seul la maladresse. Quant à moi je m'excuse ici sans détour, persuadé qu'il en est de mes persécutions contre les lecteurs comme des coups de tête ; que, seul, j'en suis coupable, et que, seuls, ils en souffrent. Plût à Dieu que nous ne nous retournassions pas quand viennent les chocs moraux !...

DERNIÈRE PERSÉCUTION CONTRE LE LECTEUR.

Le pauvre homme abusé, qui commence par un lange et qui finit par un linceul, croit qu'il n'a à triompher que du mal présent; il oublie qu'après la victoire un autre combat recommencera. De même qu'un navire rapide a devant sa proue une montagne d'eau, et derrière sa poupe une fosse profonde, de même s'élève à chaque moment devant nous dans la vie une haute montagne qu'il faut gravir, tandis que, derrière nous, nous croyons voir un abîme que nous avons franchi.

De même aussi le lecteur espère, au bout de ses dix persécutions, entrer à pleine voile dans le port historique, et y mener une vie paisible, à l'abri de mes personnalités, ou choses personnelles. Pauvre homme !... Le bras séculier ou ecclésiastique peut-il le mettre à l'abri de petites métaphores, de légères réflexions, de maux de tête, de chenilles des bois, de critiques, de sermons de ménage, de lunes de miel enfin, qui devront lui arriver à la fin de chaque volume ?

Maintenant à l'histoire !

Dans la soirée, Albano et Augusti se rendirent chez le ministre avec la lettre de crédit paternelle. Le lecteur chercha en chemin à préparer le comte à l'orgueil et à la froideur du vieux de Froulay, en les rejetant sur ses grands travaux et sur sa profonde pénétration. Dans l'antichambre, cette autre espèce de chambre de domestiques, se trouvait encore beaucoup de monde; Froulay pensait qu'une antichambre était comme la scène d'un théâtre, qui ne doit jamais rester vide. Le ministre venait de passer dans son cabinet; on le fit avertir; il vint, et fut ce qu'il était toujours hors des affaires, bien entendu, très-poli; car Augusti était l'ami de la maison, et Albano demandait à être ménagé parce qu'on avait besoin de la voix de son père dans les votes des états, et que don Gaspard jouissait d'un grand crédit auprès du prince. Froulay avait dans l'avenir un rôle assez difficile à jouer, car la cour de Haarhaar[1] était très-mal disposée en faveur du chevalier de la Toison-d'Or, qui le lui rendait bien; et, cependant,

---

[1] Haarhaar avait refusé au chevalier la main de la princesse; il me manque au sujet de cette circonstance importante beaucoup de documens, mais ils me sont promis.

Haarhaar, d'après tous les renseignemens venus d'Italie et des chirurgiens, serait dans peu d'années, nosologiquement parlant, héritier de Hohenfliess. Ce qu'il y avait de pis, c'est que le ministre, qui, comme un bon chrétien, ne vivait que dans l'avenir, se trouvait placé entre le chevalier teutonique de Bouverot, qui était en secret une créature de Haarhaar, qu'il fallait ménager pour le futur, et le comte Gaspard, qu'il fallait ménager pour le présent.

Il reçut fort bien le jeune Césara et Augusti, et leur annonça qu'il allait les présenter à sa femme, qui désirait beaucoup les voir. Il la fit prévenir, puis, sans attendre sa réponse, il les conduisit dans son appartement. Il sembla au jeune homme, lorsqu'on ouvrit cette porte, que c'était celle d'un temple... Il n'y a pas jusqu'à moi qui, en le suivant de chambre en chambre, n'aie pris ma part de la contagion; et je suis tout aussi ému que si je devais accompagner les nouveaux visiteurs. Eh bien, qu'il en soit ainsi : je dirai que nous fûmes introduits dans une jolie chambre tapissée d'une tenture qui en faisait une espèce de bosquet; Madame de Froulay y était seule, elle nous reçut avec politesse, mais froidement. Après les premiers complimens elle s'entretint plus particulièrement avec le lecteur dont les manières calmes et posées étaient en harmonie avec ses sentimens; d'autant mieux qu'il lui parlait de Liane et qu'il sympathisait avec sa douleur. Elle ajouta dans la conversation que cette chambre était celle de Liane, et qu'on l'avait laissée exprès dans le même état où elle se trouvait avant le malheur arrivé à sa fille, afin que, si elle recouvrait la vue, elle retrouvât là un beau souvenir, et que, dans le cas contraire, c'en fût un triste pour ses parens. O sensible Albano! s'il est vrai que l'absence de l'objet aimé parle fortement au cœur de l'amant, combien sa voix doit être éloquente lorsqu'elle s'élève au milieu de mille objets qui la rappellent! A défaut de l'amante, je ne connais rien de plus électrique que sa chambre quand elle n'y est pas.

Sur la table à ouvrage de Liane reposait une esquisse de tête de Christ, à côté de la Messiade ouverte; plus loin un voile, là un éventail, ici une bergerie en laque destinée aux enfans de Dian, dont la famille habitait Lilar, et une lettre commencée pour une amie. Mais ce qui remua profondément le cœur d'Albano, fut une broderie au tambour, inachevée; déjà les doigts habiles de l'ouvrière avaient formé la tige et les boutons, les épines seules y manquaient.... la fatalité les faisait naître pour toi, pauvre créature, mais au lieu de les jeter sur ton canevas, elle les avait enfoncées dans ton cœur!

Jamais jusqu'à cette heure le sang de Césara n'avait reflué vers son cœur avec autant de force. Madame de Froulay, dans cette espèce d'inventaire après décès, en vint enfin à l'harmonica, instrument chéri de Liane; il s'en approcha vivement en disant qu'il n'en avait encore vu ni entendu aucun, et sa main tremblante se posa sur ces verres qu'avait parcourus celle de Liane, avec autant de respect que s'il eût touché un reliquaire; mais l'instrument ne lui répondit pas. Il fallut que le lecteur, qui possédait la clef de toutes les sciences, de tous les arts, lui expliquât en peu de mots le secret de faire parler cet instrument. Alors pour la première fois ces notes suaves, et qui semblaient partir de l'ame, retentirent au cœur d'Albano... il épela les premiers mots de cette langue mutuelle de la douleur.

Je n'ai pas eu l'occasion jusqu'ici de signaler un des défauts les plus dangereux du jeune comte de Césara; il ne manifestait jamais plus librement et avec plus de force son opinion, que dans le moment où cette franchise pouvait lui coûter un paradis. Ainsi, lorsqu'il vint à être question de l'éducation des enfans, de cette patience qui les forme et les mûrit, Albano, qui avait vu, dans cette allusion indirecte, une atteinte portée au caractère fougueux de son ami Roquairol, prit vivement la parole, et dit : — Les Goths n'envoyaient leurs enfans dans aucune école, afin qu'ils restassent lions. S'il est nécessaire qu'on laisse tremper les jeunes filles dans du lait pendant tout une journée avant de les planter dans la vie, les garçons du moins sont jetés dans la terre avec leur rude enveloppe, comme les abricots, parce qu'en croissant leurs racines vigoureuses brisent le noyau et le chassent loin d'eux!...

Le lecteur, avec sa franchise si fine, ressemblant a un vase de cristal aux bords dorés, blâma à voix basse la vivacité de Césara, et dit :

— Il aurait fallu citer des exemples à l'appui du précepte; les femmes, ajouta-t-il, les femmes ont besoin de plus de patience et en montrent en effet davantage en face des personnes, et les hommes en face des choses.

Madame de Froulay, qui avait cru entendre

la voix de Roquairol plutôt que celle de son ami, se tut et se replaça près de la fenêtre ouverte; dans ce moment la lune épanchait ses rayons sur une petite maison, dans l'éloignement, au fond de l'immense jardin, et entourée d'eau de tout côté.

— C'est là qu'habite ma Liane, s'écria sa mère d'une voix émue; il lui faut les vapeurs et les exhalaisons des ruisseaux et des fontaines : le médecin l'a ainsi ordonné.

Albano ne voyait plus rien que cette petite maison lointaine... Ses yeux restèrent long-temps fixés sur elle, et, soit illusion de son imagination, soit réalité, il crut apercevoir devant cette maison une forme blanche. C'en fut assez pour son cœur, et s'adressant mentalement à elle :

— O bel ange de mes rêves de jeune homme, pensa-t-il, veux-tu l'être en réalité?... Sois-moi la bien venue, à travers les peines ou les plaisirs!... Mais peut-il exister des peines près de toi, ame céleste!...

La femme du ministre, se disposant à aller au-devant de la malade qu'on lui ramenait pour la nuit, Augusti fit signe à Albano de prendre congé d'elle. Ils sortirent, mais notre héros emportait avec lui la plus efficace des consolations. — Demain, pensa-t-il, quelques pas seulement me sépareront de Liane, car je serai près d'elle dans une allée, lorsqu'elle respirera le parfum des fleurs et les vapeurs des fontaines!... Et toute la soirée, toute la nuit, il répéta : A demain, heureux Albano!...

CYCLE XXXV.

Elle était enfin arrivée, cette soirée du lendemain, et Césara s'achemina vers le parc du ministre. Lorsqu'il fut sous les fenêtres du château, et qu'il entendit un mélange confus de voix, il se demanda s'il était bien convenable qu'il errât ainsi à l'aventure, et de sa seule autorité, dans les jardins du père de Liane; mais ce nom, quoique prononcé mentalement, mit fin aussitôt à son hésitation. Il aurait pénétré dans ce parc, eût-il dû, pour y arriver, passer à travers un congrès; il se hâta de s'enfoncer dans une des plus sombres allées; de celle-ci il alla dans une autre que devait suivre naturellement Liane à son retour. Puis il se cacha derrière un bosquet, afin de ne point être aperçu par la conductrice de l'aveugle.

Personne ne venait. Au lieu d'être arrivé une demi-heure plus tard comme la lune, il était là une heure trop tôt. Son disque argenté parut enfin dans la nue, et peu de minutes après, madame de Froulay prenait place à sa fenêtre. Dans le lointain Albano entendait les sons plaintifs de l'harmonica; ils venaient de la petite maison des eaux, mais Albano ne pouvait reconnaître quelle main les évoquait; s'il eût connu la méthode de Roquairol, et s'il eût su que, banni de la maison paternelle, il s'était relégué près de sa sœur, il aurait facilement deviné, au sauvage fortissimo qui succédait sans transition au paisible pianissimo, que c'était lui qui faisait parler l'instrument.

Les cascades n'étaient point encore ouvertes; rien ne troublait la solitude du jeune comte, si ce n'est le murmure mélodieux que le zéphyr apportait à travers le feuillage des arbres. Soudain les cascades roulèrent avec fracas; la nature sembla sortir d'un sommeil profond; Albano jeta les yeux vivement autour de lui...

Liane était là, debout, derrière la pièce d'eau; la lune répandait sur elle des flots de lumière... Quelle apparition! Césara se hâta de briser quelques branches du bosquet qui gênaient sa vue, et son œil put tout à l'aise s'enivrer de la présence de l'objet de son amour. Il vit ces traits si calmes, ce front uni sur lequel la douleur n'avait pas eu le temps encore de poser son empreinte... ce visage ovale et blanc comme une perle parfaite... cette taille élevée, mais pourtant si gracieuse... Elle appuyait légèrement son doigt sur la balustrade, comme si son ame n'eût fait qu'effleurer son corps sans l'ébranler jamais... et ses grands yeux bleus, soulevant leurs longues paupières et se portant vers les nuages, semblaient s'y perdre dans une sublime contemplation, et y chercher une patrie plus digne d'elle...

Ah! pauvre Albano, pourquoi une ténébreuse nuée glisse-t-elle sur cet éther si pur?... Pourquoi n'as-tu pas connu cet ange plus tôt ou plus tard?... Pourquoi fallut-il qu'elle-même te rappelât le malheur qui l'avait frappée?...

Liane, dont l'œil voilé n'était sensible qu'à une clarté vive, cherchait dans le ciel la lune dont la propre auréole modérait la lumière, sans pouvoir l'y trouver; elle inclinait sa tête croyant que la cime de quelques arbres la lui cachait... Cette hésitation avait quelque chose de déchirant qui peignait bien sa fatale infirmité...

Dans l'homme habite un grossier et aveugle Cyclope, qui élève la voix dans tous les orages du cœur, et qui pousse à détruire; terrible s'éveilla dans l'ame d'Albano ce sauvage génie qui, se saisissant de lui, l'emporta sur ses ailes puissantes jusque sur le bord de l'abîme... Le Cyclope lui cria :

—Élance-toi à ses côtés, agenouille-toi devant elle, dis-lui tout ton cœur... Que t'importe si ton espérance est alors pour jamais détruite? Tu auras du moins entendu le son de sa voix, et, si elle te repousse, tu chercheras le repos à ses pieds, dans ces flots agités!..

Un moment il fut près d'obéir à cet entraînement brutal, mais la voix de son bon génie murmura à son oreille :

—Non, ne l'assassine pas comme son frère... Tais-toi; épargne-la, honore-la, et tu pourras ensuite te vanter de l'aimer!...

Il s'arracha vivement au danger de sa position, et, lorsqu'il fut éloigné, il s'applaudit de ne pas avoir été plus hardi. Oh! dans beaucoup d'années, Albano, lorsque tu auras traversé les dernières allées du jardin de la joie et des ravissemens, tu éprouveras encore un moment de bonheur au souvenir de cette soirée!...

SEPTIÈME PÉRIODE DU JUBILÉ.

SOMMAIRE.

Singularité d'Albano. — Nœud gordien politique. — L'Érostrate des tables de jeu. — *Paternum mandatum sine clausula.* — Bonne compagnie. — M. de Bouverot. — Habileté de Liane.

Césara ne retourna point à Lilar ; une noble rougeur colorait même son visage lorsqu'il songeait qu'il s'était introduit furtivement comme un malhonnête homme pour voler au passage les émotions de la pauvre aveugle, que, dans l'innocence de son ame, elle croyait n'être vues de personne.

Il attendit, sans chercher à la revoir, les effets du traitement qu'on lui faisait subir; il s'interdit même toute espèce de plaisir pendant cette longue agonie; il se fût reproché de jouir du printemps, car cette magnifique nature était fermée pour elle, et il ne voulait point d'une joie qu'elle ne pouvait partager.

D'ailleurs il éprouvait le besoin de se perfectionner dans les sciences et de se distinguer aux yeux de son père et de ses deux amis. Il se jeta avec toute l'énergie de son caractère dans la carrière de la jurisprudence, et il partagea son temps entre la salle d'audience et sa chambre d'étude. Le grand mobile qui le faisait agir était un désir insatiable de compléter son être ; tout ce qui tenait à la médiocrité lui était insupportable. Il possédait une de ces volontés de fer qui, pour qu'une chose se fasse, n'ont besoin que de dire deux mots : Qu'elle soit! C'était un de ces âpres génies, aux élans passionnés, doués de l'énergie qui commande et de la patience qui attend ; ils se saisissent du Cyclope qui se révolte dans leur poitrine, le matent, le domptent, lui imposent le mors et la bride, et, vainqueurs de leurs passions fougueuses, s'écrient avec plus de vérité que le roi d'Espagne : *Yo el rey*, moi le roi !...

CYCLE XXXVII.

On attendait chaque jour à Pestitz le chevalier de l'ordre teutonique, M. de Bouverot, qui s'occupait à Haarhaar à mettre la dernière main à une esquisse de mariage entre le prince Luigi et une princesse Haarhaaroise, nommée Isabelle. Augusti ne l'aimait pas, et il disait même que Bouverot manquait d'*honnêteté*[1]. Il racontait même qu'il s'était naguère fort complaisamment chargé d'une mission qui eût répugné à bien des gens. Voici le fait :

La cour de Haarhaar voyait avec des yeux avides l'héritage qui lui était réservé, dans le

---

[1] Le mot *honnêteté* exclut dans les hautes classes le meurtre, l'impolitesse, le mensonge, etc., etc., excepté cependant dans certains cas.

cas où Luigi mourrait sans enfans ; mais elle ne voulait pas qu'on supposât qu'elle pût désirer la stérilité du trône de Hohenfliess. Elle chargea donc tout à la fois M. de Bouverot de préparer un mariage entre Luigi et une fille de la maison de Haarhaar, et d'arranger les choses de façon que le prince, qui déjà n'avait pas une grande réputation de vigueur, revînt de Rome (où il était allé payer les annates papales) dans un état qui ne donnât point d'inquiétude à Haarhaar sur les suites de son mariage.

C'était une nouvelle espèce de conspiration.

Albano ne la comprenait pas.

Peu de temps après, comme nos trois amis sortaient ensemble le soir, ils rencontrèrent une chaise à porteurs, dont le siége était placé à rebours, et où il y avait quelqu'un d'assis.

— Ah, mon Dieu!.. s'écria Schoppe, j'aperçois dans cette chaise ce même Céfisio de Rome, qui doit un jour me bâtonner, à ce qu'il dit!

— Plus bas, plus bas! interrompit Augusti, c'est M. de Bouverot; Céfisio n'est que son nom arcadien [1].

[1] Celui qui est admis comme membre de l'Académie des arcades, à Rome, adopte un nom arcadien.

— Tant mieux, ajouta Schoppe, je suis enchanté, dans ce cas, d'avoir malmené autrefois ce diable de nez rouge.

Puis il se hâta de courir après la chaise à porteurs pour s'assurer de l'identité du personnage; mais celui-ci avait tiré le rideau, et Schoppe n'aperçut qu'un œil qui brillait en le regardant comme la lame d'un poignard, et le bout d'un nez rouge.

Le bibliothécaire revint et raconta sa dispute de Rome avec Céfisio-Bauverot, l'arcadien.

Il n'avait jamais rien détesté autant dans le monde entier, que les banquiers de jeu, les croupiers et les Grecs; il disait souvent que s'il avait un échenilloir assez grand pour faire tomber toute cette vermine, ou un moulin à cochenille dans lequel il pourrait l'écraser, il ne s'en ferait pas faute. A défaut d'autre moyen, il leur fit tout le mal possible, et pour y parvenir, il eut l'air d'être des leurs, afin d'apprendre leurs ruses de guerre, puis, quand il les connut toutes, il les tourna contre eux. Céfisio tenait un jour la banque, Schoppe s'approcha de la table, et regarda quelques minutes: puis il plaça un louis d'or sur une carte; elle gagna, et il fit voir que, derrière la carte, il avait mis un rouleau de louis. Bouverot ne voulut pas payer ce rouleau, parce qu'il ne l'avait pas vu, disait-il. — A quoi vous servent donc vos croupiers? dit Schoppe, et il traita le banquier d'escroc, s'il ne le payait pas. On le paya, afin d'éviter une scène plus dangereuse que l'argent ne valait. Il prit froidement son argent, et quitta le salon en disant aux pointeurs : — Messieurs, vous jouez ici avec des fripons consommés; ce n'est que parce que je les connais qu'ils m'ont payé. Tous les intéressés pâlirent, et lui s'en alla tranquillement, un bon bâton d'épine à la main.

Augusti souhaitait de tout son cœur, que Bouverot n'eût pas reconnu le bibliothécaire. En rentrant ils trouvèrent une invitation pour un thé et un souper chez le ministre.

— La pauvre fille, s'écria Augusti! Bouverot est ici; on voudra qu'elle lui fasse les honneurs; et l'intéressante aveugle sera obligée de paraître demain à table.

Albano n'entendit qu'une chose : c'est qu'il la reverrait demain!...

CYCLE XXXVIII.

Les yeux de Liane se rouvrirent, mais très-lentement ; la nature ne voulut pas la conduire tout d'un coup, du noir cachot où elle l'avait jetée, à la lumière du soleil. Elle ne reconnaissait, comme les philosophes, que la lumière et non les formes. Nonobstant le peu de progrès qu'avait faits sa guérison, son père, le ministre de Froulay, prit un arrêté en vertu duquel il fut enjoint à Liane de jouer de l'harmonica, de paraître au souper, et même d'y assaisonner la salade, afin, disait le vieillard, de ne laisser soupçonner à personne son état de cécité. Il commandait souvent des choses impossibles afin de rencontrer de la désobéissance, et d'avoir occasion de punir : il existe dans le monde des gens qui sont toujours en colère d'avance pour des fautes qu'ils prévoient qu'on fera.

La femme du ministre répondit à cette injonction par un non très-doux, mais très-ferme.

— Quant à l'harmonica, ajouta-t-elle, elle avait consulté le docteur, qui l'avait fortement défendu ; quant au reste c'était une chose impossible. L'orage commença à gronder, et de Froulay répondit qu'il avait pour habitude d'agir d'après ses principes et non d'après ceux des étrangers.

L'un de ses principes dans ce moment était le chevalier de Bouverot. Les manœuvres de ce dernier relatives à l'extinction de la ligne Hohenfliessoise étaient vues d'un fort bon œil à la cour, et connues de tout le monde, excepté du prince Luigi ; car, autour des trônes on n'a de secrets pour personne, pas même pour sa femme ; seulement ceux qui sont assis dessus n'entendent, ne voient et ne savent rien de ce qui se passe autour d'eux. Il en est des trônes comme de ces chambres sonores où les personnes placées dans les coins opposés s'entendent fort bien quoiqu'elles parlent bas, tandis que celle qui est au milieu ne peut saisir aucun mot de leur conversation.

Bouverot était la clef de voûte du système politique de Froulay, l'artère par laquelle coulait son sang, et s'il lui était indispensable comme ministre, il ne le lui était pas moins comme père; un homme comme lui, amateur éclairé des beaux-arts, qui avait fait venir de Rome des chefs-d'œuvre, ne pouvait rester indifférent devant une madone comme Liane, qui semblait détachée d'une toile de Raphaël, devant cette rose fraîchement cueillie qu'un premier baiser du soleil venait d'entrouvrir. Et pourtant, en sa qualité de chevalier de l'ordre teutonique, Bouverot ne pouvait pas recueillir cette rose...

Il ne l'avait pas vue depuis sa longue absence en Italie, et il ne connaissait pas le jeune comte de Césara; de Froulay voulait les lui montrer tous deux comme deux diamans de la plus belle eau. Il possédait, ce vieux ministre, deux choses qui se trouvent fort souvent réunies : la vanité et l'orgueil; celui-ci pour le blâme, celle-là pour la louange. Mais je serais obligé d'écrire tout un livre de tournois si je voulais relater seulement une partie de ses passes, contre-passes, de ses feintes, de ses coups d'estoc et de taille lorsqu'il combattait sous la bannière de la haine, de la vanité ou de l'ambition. Il était aussi difficile à lasser qu'un loup. Toutes les armes lui étaient bonnes, et il choisissait de préférence les plus acérées et les plus empoisonnées. Dans les antiques duels judiciaires entre un homme et une femme, l'homme était d'ordinaire placé dans un trou jusqu'à la hauteur de l'estomac, afin de faire descendre sa force au niveau de celle de la femme, et celle-ci le frappait avec un voile qui enveloppait une pierre; mais de nos jours, dans les duels conjugaux, il semble que ce soit l'homme qu'on laisse libre et la femme qu'on mette dans le trou; elle a bien encore le voile pour se défendre, mais on en a ôté la pierre.

Un bon ange mit fin au combat, ou duel conjugal, qui s'était ouvert entre le ministre et sa femme, et pansa les blessures des deux adversaires, ce fut Liane. Cette pauvre fille, qui aimait sa mère de toute son ame, et qui craignait son père comme les faibles craignent toujours les forts, payait ordinairement les frais de cette guerre intestine; elle se jeta au cou de sa mère, et la pria de lui permettre de remplir les intentions de son père, promettant de s'arranger de façon qu'on ne remarquerait pas la moindre chose; et pour cela s'engageant à faire quelques expériences préparatoires ; car elle craignait que son frère ne perdît davantage encore dans l'esprit du ministre, et cette désunion lui faisait plus de mal qu'une séance devant l'harmonica.

— Tu sais, mon enfant, répondit madame de Froulay, que le médecin a défendu expressément que tu jouasses de cet instrument ; pour le reste, je te le permets.

Liane, enchantée d'avoir obtenu ce qu'elle souhaitait, demanda à être conduite auprès de son père pour lui montrer avec quelle joie elle lui obéissait. Il lui répondit avec aménité :

— Du diable si je vous en sais gré, c'est votre devoir que vous faites, et rien de plus !...

Pauvre enfant ! ces paroles dures firent passer un nuage sur son soleil, mais elle ne pleura pas, tant elle était habituée aux manières paternelles.

CYCLE XXXIX.

En chemin, Augusti engagea Albano à soutenir ses opinions avec moins de feu et d'emportement. Il lui apprit en outre ce qu'il était indispensable qu'il connût de la guerre conjugale, pour ne pas embarrasser Liane par d'inopportuns complimens sur son apparente guérison. Lorsqu'ils entrèrent dans les salons où l'on jouait, tout était déjà en feu.

Comme on ne présenta personne à notre héros, c'est à moi de le faire. La société se composait de disciples de ministres.

— Lecteur, je te présente en premier lieu monsieur le président Landroth, excellente balance d'apothicaire de Thémis où l'on ne pèse point à faux poids; mais qui ne vaut pas mieux, qui est sale et rouillée. A la table d'hombre, à côté, sont assis messieurs et mesdames de Voy, de Flœl et de Kob, jolies petites ames unies qui, comme les minéraux sur les tablettes d'un cabinet de curiosités, sont polies du côté qui fait face aux spectateurs, tandis que dessous et par derrière elles restent anguleuses et raboteuses.

Suis-moi à l'entrée de cette autre salle; j'ai à t'y présenter le jeune, mais gras chanoine de Meiler, qui, pour envelopper son homme intérieur dans un homme extérieur bien chaud et bien ample, n'écorche pas un plus grand nombre de paysans, qu'un Russe n'écorche de troncs de tilleuls pour se faire des souliers d'écorce, c'est-à-dire 150 seulement.

Cette pièce que tu parcours du regard est remplie de courtisans, qui, pour entrer dans le royaume des cieux, se sont faits non-seulement enfans, mais bien embryons de quatre semaines, qui, comme on sait, ont tous l'apparence de mouches; Swif ne demandait qu'une seule chose à ses domestiques, c'était qu'ils fermassent les portes; eux, courtisans-mouches, ne demandent aussi qu'une seule chose à leur maître, c'est qu'il laisse la sienne ouverte.

J'ai l'honneur de te présenter là-bas, ce n'est pas celui qui joue, monsieur le conseiller du consistoire Schæpe, qui a le désir de devenir premier prédicateur de la cour, coquin qui laisse tremper dans du vin sucré les graines de semence de la parole divine et humaine, comme les graines de melon (sans doute pour qu'elles lèvent plutôt dans les cœurs), jusqu'à ce qu'elles y pourrissent ; homme d'église qui n'a jamais fait que deux des prières de l'oraison dominicale, que lui-même n'exerça pour personne : la quatrième et la cinquième [1].

Mais Augusti, si tu t'approches de lui dans une embrasure de croisée, va te les nommer tous et te les dépeindre, ces vers qui cherchent le soleil. Déjà le ministre te prend par la main pour te conduire vers un d'eux qui joue et qui a une croix, c'est Bouverot... Tiens, regarde là, contemple cet œil froid, incisif, qui, par son clignotement, ressemble à une paire de cisailles ouverte, ou bien à un piége tendu ; ce nez rouge et cette bouche

---

[1] « Donne-nous aujourd'hui notre pain quotidien, et pardonne-nous nos offenses, etc.

sans lèvres, lame de rasoir vue horizontalement ; ce menton retroussé... Albano n'est pas surpris ; il a vu tous ces hommes et il ne s'enflamme pour aucun.

Froulay réconcilie le jeune comte avec sa position qui commençait à lui peser, en lui annonçant qu'au souper il lui présenterait sa fille. En attendant il lui proposa de jouer, mais Albano répondit avec un peu trop de vivacité : « Je ne joue jamais. »

Abandonné à lui-même, il se mit à parcourir les rues ouvertes entre les tables de jeu. D'ordinaire, dans des assemblées de ce genre, lorsqu'on n'a de préférence pour personne, on ne manque pas de se placer à côté de celle qu'on déteste le plus, afin de s'impatienter tout à son aise à chaque parole qu'elle dit, ou à chaque geste qu'elle fait... Aussi, Albano n'hésita pas, et s'assit auprès de Bouverot. Il est de ces figures en présence desquelles l'ame se resserre et se réduit à rien. Celle de Césara éprouvait dans le moment dont je parle une sensation pareille à celles que ressentirait une volée de pigeons enfermés dans un colombier, au milieu de laquelle on jetterait une queue de putois.

Bref, quelque chose que fît le chevalier de

l'ordre teutonique, qu'il parlât, ou qu'il se tût, qu'il donnât les cartes ou qu'il les mêlât, qu'il ouvrît la bouche pour respirer, ou qu'il la fermât pour prendre une mouche au trébuchet, qu'il citât de l'italien ou du français selon l'usage des Allemands policés, Albano s'en irritait, et il comprenait pour la première fois la vérité de cet aphorisme de Schoppe : « Il est des momens où, auprès de certains individus, rien ne pourrait satisfaire davantage un honnête homme que des coups de bâton... qu'il donnerait. » Un duel est tout aussi bon, pensa le jeune homme.

CYCLE XL.

Enfin, à force de regarder dans une glace qui lui faisait face et qui réfléchissait jusqu'au moindre mouvement de la physionomie de Bouverot, Albano était parvenu à y voir un horrible dragon, à la gueule enflammée, tout prêt à dévorer Liane, lorsque les deux battans de la porte s'ouvrirent pour annoncer le souper... Une vive rougeur succéda à l'instant à la pâleur dont son visage venait de se couvrir... Il allait enfin entendre sa voix...

Respirant à peine, il se glissa dans les rangs qui se formaient pour entrer dans la salle à manger, et se trouva tout à coup à côté d'une jeune vieille dame qui s'accrocha à son bras comme un bracelet à ressort; elle eut beau chercher à le faire parler, elle n'obtint que de courtes réponses à de longues demandes. Il venait de prononcer quelques mots lorsqu'il entendit derrière lui une voix qui disait :

« C'est mon frère !... » et une autre qui répondait :

« Vous vous trompez, c'est mon jeune comte. » Il se retourna vivement, et il aperçut entre le lecteur et madame de Froulay, la jolie Liane, dont une robe de soie noire rehaussait encore la pâleur ; une écharpe légère enlaçait sa taille gracieuse, et un ruban retenait ses blonds cheveux. Sa mère la présenta à Albano, et deux petits nuages roses parurent sur ses joues, car elle avait pris la voix de Césara pour celle de R..., et elle baissa ses beaux yeux qui ne distinguaient rien. Oh ! comme il bat ton cœur, Césara, en retrouvant ton passé dans le présent, ta nuit de l'Isola Bella dans ce jour de Lilar, et dans un être faible et souffrant qui se meut devant toi, le bel œil bleu que tu as rêvé... Elle lui inspirait trop de respect pour qu'il osât la complimenter sur son apparente guérison ; il aima mieux se taire ; et il arriva que l'ami le plus passionné de toute sa vie ne parut devant elle que voilé et muet.

Le lecteur la conduisit à sa place sous le deuxième lustre; vis-à-vis d'elle était sa mère, afin, sans doute, que ne pouvant pas tenir les yeux constamment baissés, elle pût en les levant les reposer sur un visage ami. Bouverot, comme ami plus intime que les autres, se plaça sans hésiter à sa droite, et Augusti à sa gauche. Quant à Albano, son titre de comte le fit parvenir au haut bout de la table, à côté de la dame la plus titrée.

J'invite mes lecteurs à prendre place à la table du ministre, non pour inspecter les écussons et les armoiries du noble propriétaire qui, de peur qu'on ne les oubliât, les avait fait graver sur les réchauds, les salières, les saucières, les huiliers et les seaux à glace; laissons cette omni-présente empreinte héraldique se poser sur des pots à fleurs, sur des chemises, sur des couvertures, sur les colliers de ses chiens et sur ses pensées... et ne nous occupons, s'il vous plaît, que de notre héros que l'étiquette (peste soit d'elle!) a placé à une lieue du seul être qui l'intéresse dans cette société parée; comme s'il fallait toujours, dans la vie comme dans le firmament, que les plus grandes étoiles errantes soient les plus éloignées de leur soleil...

Il regardait beaucoup et écoutait beaucoup, mais en dépit du décorum, ce n'était que Liane. Elle mangeait peu de crainte de faire quelque méprise, mais elle n'avait point l'air gêné. Augusti surveillait ses mouvemens, toujours prêt à lui éviter une erreur. Albano s'étonnait qu'un cœur aussi facile à émouvoir, aussi sensitif, pût se voiler sous un visage riant, sous un dialogue indifférent... Bon jeune homme ! chez les jeunes filles les plus tendres, lorsqu'elles ignorent encore les fièvres de l'amour, ce n'est ni de la dissimulation ni un manteau, mais bien la jouissance du moment ou la preuve d'un grand dévouement. Elle avait si bien conservé dans sa mémoire l'ordre dans lequel les convives étaient placés (les places avaient été sans doute arrêtées d'avance), qu'il ne lui arriva pas une seule fois de se tromper en regardant une autre personne que celle à laquelle elle voulait parler. Mais elle jetait à tout moment un regard d'amour sur sa mère; celui-là venait du cœur, et semblait dire : — Vois ce que je fais pour toi!...

Liane sortit victorieuse de l'épreuve décisive de la salade; soit que, par quelque chiffre diplomatique convenu d'avance, le tuteur lui eût donné un ou plusieurs avertissemens secrets; toujours est-il qu'il n'y a pas une de mes lectrices qui ne fût revenue au saladier, si elle avait eu l'honneur de figurer parmi les convives de M. de Froulay.

Ce fut le moment où le chevalier de Bouverot jugea à propos d'entrer en scène; il y avait bien eu déjà entre lui et sa voisine de ces étranges paroles prononcées à mi-voix, de ces regards qui semblent annoncer une intelligence secrète, Albano n'en avait laissé échapper aucun, et, certes, s'il lui eût été possible de haïr davantage ce Bouverot, il n'aurait pas laissé échapper une aussi favorable occasion. Une seule chose le consolait pourtant : c'est que les yeux de cet homme ne s'animaient point quand il parlait à Liane, et il croyait qu'il était impossible qu'ils ne reflétassent point les pensées du cœur; on voit bien qu'il n'avait jamais assisté à un congrès!...

Bouverot présenta une tabatière à Liane, sur laquelle figurait une vue de Lilar, et il lui demanda comment elle la trouvait, ajoutant que, quant à lui, la teinte sentimentale était ce qui lui plaisait le mieux dans cette miniature.

Augusti fut effrayé et se hâta de jeter un coup d'œil d'artiste sur la boîte et de faire quelques observations qui pussent servir de jalons à Liane ; mais cette précaution fut inutile : il arriva, ainsi que je l'ai déjà observé auprès d'une femme artiste à demi aveugle, qui, pour les objets d'art, jouissait presque de la plénitude de sa vue, que l'œil de l'ame fit la moitié du chemin et remplaça l'œil du corps, et que, après avoir examiné avec attention et près d'une lumière le paysage, elle s'écria qu'elle trouvait délicieux le petit amour qui, placé sous un arc de triomphe, et baigné dans les rayons du soleil, tenait à la main une guirlande de fleurs.

Le paysage arriva à Albano, et il retrouva en tout petit cette belle scène de Lilar où le vieillard lui était si étrangement apparu... Que de cordes ce souvenir fit vibrer dans son cœur !.. Il fut ramené du monde intellectuel au monde réel par ces mots que le ministre adressa au chevalier teutonique :

— Le prince a été enterré hier secrètement ; dans huit jours nous aurons les funérailles officielles. Nous sommes obligés de nous hâter parce que la suspension du deuil de cour durera jusqu'après le couronnement, jusqu'au jour de l'Ascension..... J'ai trop de feu dans l'imagination pour pouvoir suivre plus loin cet éternel maître des cérémonies de Froulay, qui, j'en suis sûr, aurait été capable d'appliquer l'impôt des lanternes aux rayons du soleil; et le péage des ponts aux ponts chinois des p r cs... laissons là l'homme fiscal... Albano, qu'agitaient tant de sentimens opposés, qui pensait au buste de ce bon vieillard que Liane avait copié; à ce jour de l'Ascension, anniversaire de sa naissance, jour auquel un secret lui devait être révélé; à ce cœur sans poitrine, et à la folie des hommes; ne put conserver plus long-temps le costume d'agneau qu'il avait endossé pour paraître devant Froulay, et il fallut que, se tournant vers son voisin, le conseiller du consistoire Schoppe, et haussant d'autant plus la voix qu'il s'apercevait que la ressemblance de cette voix avec celle de Roquairol captivait toute l'attention de Liane, il s'élevait avec force contre cette perpétuelle raillerie de la vie, contre ce ridicule cérémonial en l'honneur d'un corps sans ame, contre cette disette d'amour vrai au milieu d'une abondance de faux semblans passionnés... ah! tout son cœur était sur ses lèvres et brûlait d'en sortir...

L'honnête Schoppe, que j'ai traité de coquin, acquiesça du geste à tout ce qu'il dit.

Je n'en ferai pas autant, Albano; il te reste encore à apprendre que les hommes ont besoin des cérémonies, des modes et des lois, comme le berger a besoin d'un bâton pour faire sauter un fossé à son mouton porte-clochette, bâton qui lui devient utile quand celui-ci a sauté, parce que les autres moutons sautent tous les uns après les autres comme si le bâton y était... et les plus grands sauts qu'on fait dans l'état se font sans bâton, grace au mouton porte-clochette. Mais il serait d'une étoffe médiocre, le jeune homme qui se complairait dans cette vie toute bourgeoise, toute de convention; quoiqu'en général nous jugions, lui et nous, avec trop d'amertume les charges et les emplois que nous ne remplissons pas.

La compagnie écouta attentivement Albano, et, par politesse, ne s'étonna qu'intérieurement; la figure de Liane exprimait seule un tendre intérêt.

On se leva : l'embarras disparut des visages et avec lui toute l'ardeur d'Albano; mais, j'ignore si ce fut par suite de l'espèce d'enivrement qu'avait excité dans son cerveau la discussion animée qu'il venait d'avoir, ou bien, parce qu'il s'était trop occupé de regarder Liane; à coup sûr ce n'était pas manque de savoir vivre; toujours est-il, je ne veux pas chercher à le dissimuler, et j'aime mieux le dire franchement que de divaguer pendant une heure, toujours est-il, que le comte laissa là la jeune vieille dame qu'il avait conduite à table... Hafenreffer ne sait pas comment elle se nomme... et qu'il se trouva tout naturellement, sans le savoir peut-être lui-même, à côté de Liane, lui donnant la main pour sortir de l'appartement. Que dirai-je de ce premier contact, de ce choc électrique? de cette main appuyée si légèrement, que sa douce pression n'était sentie que par le bras de l'homme intérieur et non pas celui de l'homme extérieur?... de cette excessive briéveté du trajet, qui aurait au moins dû être aussi long que la Friedrich Strasse?... (rue Frédéric). Lui ne pensait qu'à la porte de cette chambre fatale où devait s'effectuer la séparation... Il tremblait de désir d'entendre un son de sa voix qui fût pour lui seul... et il ne pouvait trouver de phrase à lui adresser... mais elle qui désirait également entendre parler Albano, à cause sans doute de la ressemblance de sa voix avec celle de son frère, lui dit avec simplicité :

— Vous avez sans doute visité déjà Lilar?

— Vraiment non, et vous? répondit spirituellement notre héros.

— J'y passe ordinairement chaque printemps avec ma mère, répliqua-t-elle.

Ils étaient arrivés à l'horrible chambre, et Albano restait immobile devant Liane, qui ne le voyait pas, cherchant à parler et cherchant en vain... son embarras ne dura pas longtemps, car madame de Froulay, à laquelle il tardait de se retrouver seule avec sa fille, s'empara vivement de son bras, et elles disparurent ensemble comme deux fantômes.

Mais Albano était là comme un homme quitté par un songe délicieux, et qui en est heureux toute la matinée quoiqu'il ne s'en souvienne plus. Eh quoi? Lilar ne lui est-il pas ouvert, et n'est-il pas assuré de le voir aussitôt que Liane pourra le voir aussi!

Jamais il n'avait été plus doux. Le lecteur profita de sa bonne disposition d'esprit pour jeter quelques bonnes graines dans ce sol fertile. Il lui dit qu'il avait eu tort de jeter au milieu du monde de ces vérités anguleuses qui gagnent à rester au fond du puits, de ces vérités qui aigrissent les gens sans les éclairer. Dans un autre moment le comte lui aurait infailliblement demandé s'il pensait qu'il aurait dû faire comme de Froulay et Bouverot, qui, de la façon la plus conciliante, se portaient l'un à l'autre des thèses et des antithèses, comme un répondant et un argumentant académiques, qui se sont préparé la veille des blessures logiques et des emplâtres logiques de même grandeur... mais aujourd'hui il était fort content de son ami. En effet, Augusti avait été si délicat, si officieux pour la mère et pour la fille; il avait dit tant de bonnes choses sans noircir ni flatter personne, que tout le monde l'avait écouté avec plaisir. Aussi Albano répondit avec douceur :

— Mais ne vaut-il pas mieux aigrir les gens que de les bercer dans de grossières erreurs, cher Augusti?... Et à qui, grand Dieu, dirai-je la vérité si ce n'est pas à ceux qui ne la connaissent pas ou qui ne croient pas en elle?

— On peut dire toutes les vérités, répliqua Augusti ; mais la manière et le ton avec lesquels on les dit ne peuvent pas être comptés toujours pour des vérités.

— Hélas!... dit Albano.

Et il regarda au-dessus de lui et sous le beau

ciel étoilé, il aperçut la statue en marbre d'une madone qui veillait sur le palais comme un ange gardien... il pensa à sa sœur, à Lilar, au printemps et à beaucoup de rêves... et il soupira profondément en songeant qu'avec un cœur tout rempli d'amour, il n'avait pourtant encore en réalité ni un ami ni une amie!..

HUITIÈME PÉRIODE DE JUBILÉ.

Petit lever du docteur Sphex. — Visite à Lilar. — Chariton. — Lettre de Liane. — Voyage sentimental dans un jardin. — La vallée des Flûtes. — Sur la réalité de l'idéal.

CYCLE XLI.

Je suis resté debout toute la nuit, car je ne puis confier le manuscrit de mon correspondant à aucun déchiffreur, pour achever de déchiffrer cette période jusqu'au dernier mot, tant elle avait de charmes pour moi. J'espère bien que, si le squelette du manuscrit a produit un aussi grand effet sur moi, ce nouveau corps dont je tiens les veines pour qu'il soit plus beau, doit faire merveille ; j'ose donc y compter.

Le comte était triste, morose, depuis la dernière soirée passée chez le ministre. Cette figure modeste et souffrante qu'il avait vue ne le quittait ni la nuit, ni le jour. Comment d'ailleurs aurait-il pu l'oublier ? tous les jours le docteur parlait des progrès de sa cure et du moment devenu très-prochain où Liane pourrait partir pour Lilar. Entendre parler de la bien-aimée, quelqu'indifférente que soit la chose qu'on en dit, est de beaucoup préférable à l'action de penser à elle. On lui apprit aussi que Roquairol, depuis le coup dont il avait frappé sa sœur, s'était entièrement retiré de la ville, et qu'il n'y resterait que le jour du cortége funèbre du vieux prince, qu'il devait suivre sur un cheval de parade. Pauvre Albano, quelle haute muraille te séparait de ce Lilar, de cet Eden!.. Tu fis le tour de cette muraille pour y chercher une porte, et tu ne la trouvas pas !...

Je ne connais rien de plus détestable qu'une situation pareille; mais dans quelle ville capitale en est-il autrement ? Si jamais j'écrivais un roman, ce dont il n'y a nulle apparence, je déclare solennellement que je me garderais par-dessus tout d'une ville où réside la cour, et d'une héroïne habile à être chanoinesse. Car il est plus facile d'opérer la conjonction des planètes les plus élevées que celle des amans de cour. Le héros veut-il causer un moment avec l'héroïne, soit à la cour, à un thé, ou en famille, il voit s'interposer entre elle et lui la cour, ou les gens qui prennent le thé ou sa famille. Veut-il lui dire un mot dans le parc? il se trouve qu'elle voyage en partie double comme les courriers chinois, et que sa suivante est là pour la garder, comme on met un double fond aux vins fins. Vous croyez que du moins il pourra la rencontrer dans la rue; Bah! si c'est à Dresde que la scène se passe, il ne manquera pas de surgir derrière elle un valet, à la figure en lame de couteau, qui lui sert de vinaigre antipestilentiel, de gardeur-d'ame, de *curator sexus*, de *chevalier d'honneur*, de génie de Socrate... Quelle différence à la campagne! la fille du pasteur a soin d'aller se promener le soir dans le jardin du presbytère parce qu'il fait beau temps et clair de lune, et l'amant n'a qu'à prendre la peine de mettre ses bottes pour aller la rejoindre.

Bienheureux héros!

— Le vendredi suivant le lecteur vint annoncer que le lundi de la prochaine semaine on promènerait l'illustre défunt, c'est-à-dire son cercueil vide; que Roquairol figurerait dans le cortége sur un cheval de parade; que Liane était presque entièrement rétablie puisqu'elle devait partir le lendemain pour Lilar, afin d'y cueillir quelques fleurs et de les jeter sur la tombe réelle du père de Julienne, et que le jour de l'ascension qui suivrait il y aurait inauguration et fête à la redoute.....

— Bienheureux héros! répétai-je, car jusqu'ici qu'as-tu aperçu de la délicieuse vallée de Tempé, si ce n'est quelques échappées de vue, prises de l'aride montagne où tu étais placé?... Et maintenant!...

CYCLE XLII.

Le dimanche matin, Albano se disposait à partir pour Lilar, lorsqu'il fut appelé en passant par le docteur Sphex, qui le pria d'entrer un moment dans sa chambre. — Attendez, de grâce! s'écria-t-il, je suis à vous dans la minute, monsieur le comte; et l'opération continua. S'il prend jamais envie aux dessinateurs de choisir quelques sujets dans cet ouvrage, comme tant d'autres l'ont fait pour ceux d'Homère, je ne suis pas fâché de leur en offrir un excellent. Quel trésor pour eux que le groupe suivant!... Le docteur était couché sur le côté gauche; Galien frottait avec une brosse russe le dos paternel; Boerhaave lui promenait dans les cheveux un énorme peigne, et cela non pas obliquement, mais perpendiculairement. Pendant ce temps-là, Sphex s'écriait qu'il ne connaissait rien qui éclaircît l'esprit comme des brosses et un peigne. Devant le lit était Van Swiéten enveloppé d'une lourde pelisse en fourrure qu'il était obligé de porter, quoiqu'il fît une chaleur excessive, au risque d'ameuter contre lui tous les petits garçons, et de cuire dans son enveloppe.

Deux jeunes filles attendaient devant leur père, en habits de gala, qu'il lui plût de les laisser partir pour l'église ; il était occupé à les morigéner d'importance. Il aimait, au rebours de l'insulteur romain en guenilles, à mettre ses enfans au pilori en grand costume, en manchettes et galonnés, surtout devant les étrangers. Le comte s'était déjà mis à la fenêtre pour ne pas augmenter la confusion de ces pauvres enfans ; mais à la fin il ne put s'empêcher de dire en latin au docteur :

—Si j'étais votre enfant, il y a long-temps que je me serais tué ; je ne connais rien de plus humiliant que d'être injurié quand on est en toilette.

—Cela entre d'autant plus avant, répondit

Sphex en allemand. Et s'adressant aux filles, il termina ainsi son allocution paternelle :

— Vous êtes une couple d'oies, qui n'allez à l'église que pour y caqueter de vos chiffons... Pourquoi ne faites-vous pas attention à ce que dit le prédicateur ? C'est un âne, il est vrai, mais enfin pour des ânesses comme vous il prêche toujours assez bien ; ce soir vous me réciterez son sermon, entendez-vous?

— Voici, monsieur le comte, une potion laxative que je vous prierai, puisque vous allez à Lilar, de vouloir bien remettre à madame l'inspectrice provinciale des bâtimens ; elle est pour ses petits marmots ; mais, je vous en supplie, ne prenez pas cette commission en mauvaise part.

Le comte qui, dans toute autre circonstance, lui eût jeté sa potion au nez et tourné le dos avec mépris, ne put rien refuser au sauveur de Liane, d'autant mieux que la potion était pour les enfans de son cher Dian, à l'épouse duquel il avait des complimens à porter de sa part.

CYCLE XLIII.

Lilar n'est pas, comme les autres jardins de princes, une page déchirée de Kyrshefeld, un parc en miniature, mais bien une bucolique en action, sortie du cerveau romantique du vieux prince. Nous suivrons notre héros dans l'Elysée, et une autre fois dans le Tartare, deuxième tome de Lilar.

Albano arriva à une partie de la route qui aboutissait à un endroit ténébreux où ne croissaient que des arbres de deuil et des plantes lugubres; il vit un poteau sur lequel était écrit : Route du Tartare dans l'Elysée. Il se hâta de traverser un fossé qui, seul, le séparait de l'Elysée. Quel paradis se déroula à sa vue!... De tous côtés des bosquets enchanteurs, des sentiers serpentant au milieu d'arbustes odoriférans, des pelouses d'un gazon soyeux, puis à l'ouest cinq arcs de triomphe qui conduisaient à de petites maisons à l'italienne, et à l'occident cinq autres arcs qui s'ouvraient sur des terres et sur des montagnes.

— Je m'appelle Pollux, dit un joli petit garçon à Albano, qui lui avait demandé son nom; ma sœur se nomme Hélène, et mon plus jeune frère Aëchion.

— Et ton père?

— Il est à Rome; mais entre dans la maison auprès de ma mère Chariton, et je vais t'y rejoindre.

C'était la famille de son ami Dian.

Albano entra dans la jolie maison, et il y trouva une jeune belle femme de dix-sept ans qui allaitait le petit Aëchion. Elle se leva, et avant qu'elle eût eu le temps de lui demander son nom, il s'empressa de le lui dire et de lui transmettre les tendres complimens dont Dian l'avait chargé pour elle dans une lettre. Puis, quand elle fut fatiguée de le questionner au sujet de son mari qu'elle appelait son maître, Albano tira de sa poche la petite fiole destinée à Pollux, et la remit à sa mère avec toutes les recommandations doctorales dont il était porteur.

Après avoir causé quelque temps, Chariton s'excusa de quitter Albano, en disant qu'elle était obligée de coucher Aëchion, parce que Liane allait venir la prendre pour se promener avec elle.

Albano resta avec Hélène et Pollux, qui l'avaient tout de suite pris en affection.

— Je sais beaucoup de choses, s'écria tout à coup Pollux; entendez-vous, monsieur? Et la jeune fille se hâta d'ajouter qu'elle savait lire, mais seulement l'allemand et non pas les lettres françaises.—Mais moi je les connais, interrompit Pollux.—Toi? répliqua Hélène. — Oui, moi! Et il courait dans la chambre, chercher de l'écriture pour faire ses preuves; mais il n'en trouvait pas. Soudain il s'écria : — Patience, monsieur, je reviens à l'instant; et il entra dans une chambre voisine.... Cette chambre était celle de Liane...

CYCLE XLIV.

Albano ignorait que Liane eût une chambre dans la maison de Dian; et ce rapprochement fut pour lui un bonheur, C'était là que la jeune fille lisait, écrivait, dessinait et apprenait à lire aux enfans de son amie.

Pollux revint avec une lettre et se mit tout de suite à l'œuvre pour montrer son savoir-faire. Dès la première page, Albano se sentit entraîné comme par le charme d'une suave mélodie; mais il ne put deviner ni l'auteur, ni la date de cette épître. Il y avait d'abord une excellente raison pour qu'il ne trouvât pas de fil dans ce labyrinthe; c'est que Julienne à qui était adressée cette lettre, demeurant dans le *Bureau de décachetage*, c'est-à-dire à la cour, avait exigé qu'on se servît de noms empruntés. Ainsi, dans cette correspondance, Elle s'appelait Elisa; Roquairol, était Charles, et Liane sa petite Linda. Les lecteurs doivent savoir que Linda est le prénom de la jeune comtesse de Romeiro, avec laquelle la princesse avait établi une liaison et une correspondance de cœur, depuis le soir de ce bal masqué que Roquairol avait ensanglanté. Liane, à son tour, aimait la jeune comtesse, de tout l'amour que son frère avait pour elle et de toute l'amitié qu'elle inspirait à Julienne ; la modeste jeune fille, ignorante de son mérite supérieur, se bornait comme la lune à réfléchir les rayons du Soleil-Romeiro, et s'intitulait la petite Linda de son Elisa.

Voici cette lettre :

Dimanche matin.

« Le nuage gris qui enveloppait le jardin de ta pauvre petite Linda, s'est entièrement dissipé, et toutes les fleurs de la vie étalent devant moi leurs ravissantes couleurs.

» A cinq heures ce matin, je descendis dans les jardins de Lilar, et je repris possession de l'héritage que j'avais perdu. Dès mes

» premiers pas dans cet univers qui se rouvrait
» pour moi, j'étais tenté de m'écrier : je vous
» retrouve enfin, vieux amis de mon enfance...
» Toi, soleil radieux, vous, aimables fleurs,
» vous, montagne orgueilleuse, vous n'avez
» pas changé, et vous, arbres majestueux, vous
» recommencez comme moi une nouvelle vie !
» Chère Elisa, je nageais dans un océan de
» félicité ; des larmes de joie s'échappaient de
» mes yeux et tombaient dans le calice des
» fleurs. Oh ! pourquoi n'étais-tu pas là, à
» mon côté, avec mon pauvre Charles, qui a
» tant souffert pour moi, et qui aurait été
» heureux de mon bonheur !

» Le soleil, ce bon père de famille, nous
» caressait tous d'un égal amour ; moi, les fleurs
» humides, le petit oiseau qui attend sa robe
» de plumes et le papillon engourdi ! Et je
» pensai que l'homme devait être bienfaisant
» comme le soleil !

» Et lorsque je fus sur la montagne de l'Au-
» tel [1] je vis autour de moi des villages, des
» jardins et des collines, et j'entendis la voix
» grave des cloches, qui se mariait au tin-

---

[1] Où Albano rencontra le vieillard dans une belle nuit du mois de juin.

« tement des clochettes des troupeaux ; et
« au milieu des vapeurs embaumées que con-
« duisait vers moi l'haleine des zéphyrs, sous
« ce dôme bleu qui flottait sur ma tête, je m'é-
« criai : Oui, c'est bien l'Elysée !...

» Mais une voix intérieure me répondait:
« C'est l'Élysée terrestre, es-tu digne de l'au-
« tre? Je formai à l'instant la résolution de me
« corriger des défauts que j'ai encore, et de
« me préparer pour cet autre Élysée. Puis je
« m'agenouillai devant l'autel et je remerciai
« mon père céleste de ce qu'il avait rouvert
« mes yeux... je pleurai beaucoup, ces lar-
« mes ne me firent point de mal. »

Quelle impression profonde cette lecture
fit sur le cœur passionné d'Albano! Il se
sentait comme sanctifié ; il lui semblait que la
vertu avait revêtu la forme de Liane, et
qu'elle était venue vers lui, pour lui tendre
la main, et l'élever vers ces régions sublimes
où l'on ne souffre plus!

Il se hâta d'enjoindre à l'enfant de reporter bien vite cette lettre, afin que Liane ne
le surprît pas la lisant ; pourtant il résolut,
quoi qu'il dût lui en coûter, d'être vrai avec
elle, et de lui avouer qu'il avait lu sa lettre.

Pollux remonta l'escalier en courant, puis

il redescendit, resta un moment à la porte, et rentra avec Liane, qui était habillée de blanc et enveloppée d'un voile noir. Elle resta un moment, surprise et embarrassée, lorsque, ayant soulevé son voile, elle aperçut Albano devant elle. Ce ne fut qu'à sa voix qu'elle le reconnut, et, quand il eut parlé, elle baissa les yeux en rougissant. Pour mettre fin à leur embarras mutuel, Liane lui parla de son père qu'elle avait, dit-elle, le plaisir de connaître. Il y a apparence qu'elle connaissait mieux encore le fils, d'après les récits de Julienne et les portraits qu'on avait dû souvent lui faire. Dans ce moment Chariton, qui était parvenue à endormir Aëchion, se mit en tiers dans la conversation, et, au bout de quelques minutes, tout le monde descendit au jardin.

CYCLE XLV.

A la grande joie de l'intendante provinciale des bâtimens, Albano avoua qu'il ne connaissait pas Lilar ; elle se faisait une fête de jouir de sa surprise à mesure que les beautés de ces jardins se dérouleraient à sa vue. Quelle promenade délicieuse pour Césara! Que pouvait-il désirer de plus que de se trouver à côté de sa Liane, dans un nouveau palais d'Armide ?

A tous momens Chariton demandait à la jeune fille :

— Irons-nous là? Traverserons-nous ce bocage? Gravirons-nous cette colline? Ah! si mon maître était là, vous auriez en lui le meilleur cicerone!...

— Liane proposa d'aller dans la vallée des Flûtes, qui devait, disait-elle, plaire à un amateur de musique; d'ailleurs il avait été convenu avec sa mère qu'on y porterait sa harpe, et que ce serait là qu'elle la retrouverait.

En chemin, on vint à parler de la lutte de la peinture avec la musique, et du récit officiel que Herder fait de ce combat. Liane, quoiqu'elle dessinât fort bien, prit le parti de la musique; et Albano, quoique excellent musicien, se rangea sous les drapeaux de la peinture?

— Ce délicieux paysage n'est-il pas un tableau, et chacun de nous une figure qui l'anime.

— Mais si j'étais aveugle, dit naïvement Chariton, je ne pourrais pas voir ma jolie Liane!

— Moi, reprit Liane, je vois dans la peinture un passé qui revit, dans la musique, un avenir qui naît.

Chaque mot qu'elle prononçait allait au fond du cœur d'Albano; il trouvait en elle un degré de pureté de pensée qui lui avait été inconnu jusque-là. Il sentit que, sans l'avoir prémédité, on pouvait briser cette ame aux ressorts si délicats ; de même que, plus une vitre est transparente et pure, et plus il est facile de la prendre pour vide, et de passer le bras au travers.

Déjà ils apercevaient les nappes d'eau brillantes des cascades de la vallée des Flûtes, lorsque Liane, à la grande surprise de Chariton, pénétra dans un massif de chênes où aucun sentier n'était frayé ; elle fit signe qu'on la suivît. Elle regardait Albano d'un air content et ouvert, et ses yeux exprimaient la certitude de n'être point mal jugée ; que dis-je ? l'idée même que cela fût possible ne lui était pas venue. Au milieu de ce bois s'élevait un rocher sauvage avec ces mots : « *A l'ami Césara.* » La princesse avait dédié ce souvenir des Alpes au père d'Albano. Frappé d'étonnement, il s'approcha respectueusement de ce piédestal auquel il ne manquait que la statue de son père, et, appuyant son front sur la pierre glacée, comme sur la poitrine de don Gaspard, il s'écria mentalement : O mon père !... L'Isola Bella se reproduisait dans son imagination avec toutes ses aventures, tous ses prodiges, toutes ses prédictions... De grosses larmes roulèrent dans ses yeux, Chariton le regarda sans le comprendre et Liane le comprit sans le regarder.

Ils continuèrent leur promenade.

— Mon frère, dit Liane, désire ardemment vous voir.

— Dès mon enfance, répondit Albano, j'ai aimé votre Charles comme un frère; je n'ai pas encore d'ami.

Ces deux ames s'entendaient si bien que pas un ne remarqua que le nom de Charles avait été puisé dans la lettre de Liane.

Tout à coup les sons d'une flûte se firent entendre derrière la montagne, puis une autre lui répondit dans un bosquet, puis une troisième se mêla au concert; et, au bout de quelques minutes, de tous côtés on n'entendit que des flûtes qui se joignaient en chœur. Il semblait que des anges eussent transporté sur la terre leur céleste harmonie... C'était d'un effet magique, et les rossignols, attirés par cette suave musique, firent à leur tour leur partie dans cet invisible concert.

— Sois béni, bon vieillard, à qui nous devons ces merveilles! s'écria Albano.

Liane laissa tomber son ouvrage sur ses genoux; son attitude était celle d'une Muse; son œil bleu interrogeait le ciel, y cherchait l'avenir... et les regards de Césara, empreints d'une expression surhumaine, semblaient suivre ceux de la jeune fille, interprète des mêmes pensées...

Elle baissa son voile; ce n'était certainement pas pour se garantir du soleil ni de l'air, et Albano promenait ses doigts dans la chevelure onduleuse d'Hélène, qui ne comprenait rien à la scène.

La femme de Dian s'avança vers les jeunes gens, et demanda amicalement à Albano quel effet cette musique avait produit sur lui. Il la loua sans réserve, et Chariton ajouta que, quoiqu'elle l'eût entendue souvent, elle lui semblait chaque fois plus belle.

Une jeune fille parut à l'entrée de la vallée avec la harpe de Liane; elle fit un signe à cette dernière, qui se leva aussitôt, et, relevant à demi son voile, prit congé du comte de Césara. Dans ce moment il se rappela l'aveu qui lui restait à faire, et il lui dit :

— Mon Dieu! j'ai lu votre lettre d'aujourd'hui.

— Ce n'est pas possible, répondit-elle; vous ne serez pas, je pense, entré dans ma chambre? ... et du regard elle interrogeait Chariton.

Il raconta d'une voix émue comment il

avait été amené involontairement à commettre cette indiscrétion, et son récit dissipa l'inquiétude de Liane.

— O le vilain Pollux! s'écria plusieurs fois la femme de Dian.

— Pardonnez-moi, de grâce, ajouta Albano, ce péché commis par ignorance.

Elle souleva davantage son voile, quoiqu'une vive rougeur colorât son visage, et, apaisée sans doute par le récit du jeune indiscret, elle ajouta :

— Elle était destinée à une amie... et j'espère que, si je vous en prie, vous ne lirez pas une autre fois...

Et, avant de laisser retomber son voile, elle jeta sur lui un regard où la colère ne brillait pas, et elle quitta à pas lents celui qui l'avait choisie pour bien-aimée.

O toi! ame céleste, aime mon Albano; n'es-tu pas le premier amour de ce cœur aux élans passionnés, l'étoile du matin qui s'est levée avec sa vie; toi si bonne, si pure, si tendre!... Oh! ce premier amour de l'homme, mélodieux rossignol de l'ame, qui chante au printemps de la vie, n'est-il pas souvent mal placé, et ne devient-il pas alors le jouet du sort qui finit par le briser et le jeter dans une tombe?... Mais lorsque deux cœurs, riches de larmes, d'amour et d'espérances d'amour se rencontrent sur le seuil de leur seconde existence, sans avoir dépensé aucune de ces larmes ni aucune de ces espérances, ne doivent-ils pas se dire l'un à l'autre : — Sois béni de ce que je t'ai trouvé aux beaux jours de mon âge, avant d'avoir erré ; de ce que je puis mourir maintenant sans avoir aimé personne que toi !...

Mais vous, êtres essentiellement bons, qui avez un cœur, et qui n'en pouvez trouver un autre, qui portez dans vos cœurs les objets de votre ardent amour, sans pouvoir les presser sur vos lèvres, ne vous ai-je pas retracé le bonheur sous toutes les formes? Ne l'ai-je pas gravé, comme les Grecs, sur le cercueil de marbre où dort votre jeunesse? Ne suis-je pas l'archange même qui donne un corps aux êtres que vous avez rêvés, s'en revêt et marche sous leurs traits devant vous? Et toi, homme plus jeune ou plus pauvre, auquel le temps a donné un avenir au lieu d'un passé, ne me reprocheras-tu point un jour de ne pas avoir tiré un voile épais devant ces créations célestes, pour que tu eusses pu les adorer sans les voir? Ne me diras-tu point que, sans moi, sans mes portraits-phénix, tu aurais formé des voeux plus modestes, dont plusieurs eussent pu se réaliser ?... Que de mal je t'aurai fait sans doute !... Et ne m'en suis-je pas fait autant à moi-même, et pouvait-il en être autrement de moi que des autres ?

Votre conclusion serait donc celle-ci : Ne pouvant couler des jours assez beaux pour qu'ils jettent autant d'éclat dans vos souvenirs qu'ils en ont jeté dans votre espérance, vous préféreriez des jours sans passé, sans futur, enfin un présent matériel... Oh! fi de vous!... qu'on me donne plutôt le plus subtil de tous les poisons de l'idéal, afin que je passe le court moment qui m'appartient à rêver et à mourir ensuite !...

NEUVIÈME PÉRIODE DU JUBILÉ.

SOMMAIRE.

Joie d'un deuil de cour. — Inhumation. — Roquairol. — Lettre pour lui. — Les huit derniers mots sortis de l'eau. — Foi et hommage. — Redoute. — Marionnettes. — La tête de mort. — Le Tartare, la voix d'en haut, l'ami, les catacombes et les hommes unis.

CYCLE XLVI.

Le jour des funérailles officielles était arrivé; après avoir déjà consigné dans la terre deux cercueils et un mort, on se préparait à promener avec apparat dans toute la ville la troisième bière qui ne renfermait rien. Quelque chose de touchant et de solennel s'était mêlé au prologue de cette cérémonie : le vieux père Spener, ce prêtre attaché de cœur et de principes au défunt, était descendu dans la tombe ouverte pour le cadavre de son ami, comme pour s'assurer qu'il y reposerait bien ; et la cour elle-même avait été émue de cette précaution ingénieuse d'un ami sur son départ, qui visite un ami déjà parti, près de la nouvelle demeure duquel il avait résolu de veiller jusqu'à la fin de ses jours si bien remplis. Une seule chose intéressait Albano dans cette cérémonie pompeuse; il y voyait enfin ce Roquairol qu'il attendait depuis si long-temps, cet ami qu'il s'est donné sans avoir pris la peine d'obtenir son consentement.

Toute la population de Pestliz était occupée de détails funéraires : dans chaque oreille tintait un son funèbre, de chaque bouche sortait une épitaphe. Sphex, en sa qualité de médecin du monarque, se réjouissait du rôle qui lui était destiné dans le cortége. Augusti avait mis de côté ses habits ordinaires et revêtu le costume de deuil. Le grand-maréchal ne savait auquel entendre, et la trompette du jugement dernier, qui doit ouvrir les tombeaux et non les fermer, aurait sonné fort mal à propos pour lui dans ce moment. Le ministre de Froulay, grand amateur de toutes les pompes, et auquel le glacé Luigi s'en était remis pour le détail de tous les soins funéraires, était au ciel, au moins autant que le défunt.

Albano attendait impatiemment à sa fenêtre que le frère de Liane passât ; dans son cœur l'amour et l'amitié se mariaient comme les accords de deux clavecins montés au même diapason.

CYCLE XLVII.

Le cortége sortit enfin du Tartare et se mit lentement en route. Parmi la foule nombreuse et obligée qui y figurait, Albano ne remarqua qu'un seul être, auquel personne que lui ne prit garde, ce fut Roquairol sur son cheval de parade. Une forme pâle, ruinée, vitrifiée par un feu intérieur et lent, dont les yeux enfoncés et ombragés d'épais sourcils retrouvaient par momens leur sombre énergie et lançaient quelques rares mais corrodans éclairs; dont le front fortement veiné et les joues hâves étaient sillonnés de rides anticipées, chevauchait à la suite du cortége dans une attitude qui tenait à la fois du tragique et du co-

mique... c'était l'ami intuitif de Césara...
Que de vieillesse déjà dans ce jeune homme !
Il n'y avait que des courtisans ou son père qui
pussent voir dans ce sourire amer une expression de joie inspirée par le nouveau règne ;
mais Albano ne s'y trompa point, son cœur
le comprenait, et il pâlit en contemplant cette
contraction de muscles, ce jeu si éloquent de
physionomie :

— Oh ! c'est bien lui !... s'écria-t-il, et, se
tournant du côté de Schoppe, il ajouta : J'en
suis sûr, il deviendra notre ami, ce jeune
homme que ses passions ont usé !... Avec quel
noble dédain il se rit de ce sérieux, de ces
couronnes, de ces tombeaux ! Ah ! n'est-il pas
déjà mort une fois !...

— Schoppe s'écria pour faire diversion : —
Quelle mascarade pour un masque ! que de
guenilles pour une guenille !... jetez donc votre homme dans son trou, en silence et sans
appeler personne pour le voir. Parlez-moi de
Londres et de Paris, où l'on ne sonne pas le
tocsin quand l'*undertaker*[1] conduit un endormi dans son lit...

[1] Undertaker, entrepreneur ; c'est ainsi qu'on nomme en Angle-
terre les gens qui font métier de disposer les convois des morts. Ils
font individuellement ce que les pompes funèbres font à Paris collec-
tivement et exclusivement.

— Non, non, interrompit vivement Albano, je n'approuve point cela : qui voit avec indifférence les morts est bien près de voir de même les vivans... j'aime ces occasions où le cœur retrouve une larme au souvenir de l'objet aimé.

Vis-à-vis d'une fontaine, sur la route du cortége, s'élevait une statue équestre en bronze représentant le prince défunt ; il voyait passer à ses pieds ses chevaux sans selle, et derrière eux le cheval de parade monté ; tandis qu'un sourd-muet tirait de sa cloche des sons mendians que n'entendaient ni lui ni le mort. Ah! le prince déjà oublié n'était-il pas jeté dans la terre, malgré ce fracas et cette pompe, plus obscurément qu'aucun de ses sujets? O Césara, il te vint à l'esprit dans ce moment combien vite l'homme est oublié, qu'il soit dans une urne ou dans une pyramide; tu te convainquis que notre moi immortel est considéré comme absent, ainsi que les comédiens, lorsqu'il a passé dans la coulisse, et qu'il ne figure plus sur la scène parmi les personnages qui s'y remuent encore.

Et la solitaire Julienne ne compte-t-elle pas par ses larmes chacun des sons dont retentit l'airain funèbre? Pauvre fille, que la maladie a dispensée de la cérémonie, mais non de la douleur; qui a perdu son avant-dernier parent, peut-être même son dernier, car son frère, à peines'il en est un pour elle. Et dans son Elysée, Liane ne devinera-t-elle point l'épilogue qui se joue dans le Tartare? Alors combien ne s'affligera-t-elle pas réellement, elle!...

L'ame d'Albano entendait tout cela, et il éprouvait un besoin impérieux d'amitié; il lui semblait que de son souffle puissant elle balayait la poussière de la mort sur les degrés de la vie, et qu'il apercevait là-haut un génie qui venait poser sur son cœur un flambeau renversé, non pour éteindre la vie immortelle, mais pour y allumer un immortel amour.

Il ne put résister plus long-temps à ses sensations, et il écrivit, au bruit lointain du glas mortuaire, les mots suivans adressés au frère de Liane, par lesquels il lui disait avec toute la candeur de la jeunesse : Sois mon ami.

« A Charles.

» Étranger! dans cette heure où s'écroulent dans les larmes et dans la mort les trônes des hommes et les arches de leurs ponts fragiles, un cœur libre et vrai vient t'interroger : que le tien lui réponde avec franchise.

» Etranger ! la longue prière de l'homme
» a-t-elle été exaucée pour toi ? As-tu un ami ?
» tes désirs et tes nerfs et tes jours se dévelop-
» pent-ils ensemble avec les siens comme les
» quatre cèdres du Liban, qui ne souffraient
» que des aigles autour d'eux ? As-tu deux
» cœurs et quatre bras, et vis-tu doublement
» immortel dans cette vie militante? Ou bien,
» es-tu seul sur la pointe aride et étroite d'un
» glacier, sans avoir personne à qui tu puisses
» montrer les Alpes de la création, avec le ciel
» bleu sur ta tête et des abîmes sous tes pieds ?
» Quand vient le jour de ta naissance as-tu un
» être qui presse ta main, dont les yeux soient
» fixés sur tes yeux, et qui te dise : Serrons-
» nous plus fortement l'un contre l'autre ?...

» Etranger, si tu n'as point d'ami, as-tu
» mérité d'en avoir un ? Lorsque le printemps
» est venu, il t'a ouvert son calice de miel,
» son ciel pur et les cent portes de son pa-
» radis : as-tu comme moi levé les yeux dou-
» loureusement vers le ciel en lui deman-
» dant un cœur pour ton cœur ? Oh ! lorsque
» le soir le soleil disparaissait derrière les
» montagnes, lorsque ses flammes n'échauf-
» faient plus la terre, lorsqu'il ne restait plus
» qu'une rouge fumée qui montait vers les

» étoiles, les portes de l'antiquité se sont-elles
» ouvertes devant toi, et as-tu évoqué les om-
» bres glorieuses des héros de l'amitié, qui,
» sur les champs de bataille, sont tombés en-
» semble comme les étoiles d'une même con-
» stellation, et, en présence de ces géans lu-
» mineux, as-tu songé combien ils s'étaient
» aimés, et combien tu étais seul, seul comme
» moi?

» Et, pauvre solitaire, lorsque la nuit, ce
» moment solennel où l'esprit de l'homme,
» comme dans les pays chauds, travaille et
» voyage, enchaîne ses soleils et les découvre
» ensuite, que, parmi tant d'images qui se
» déroulent à ta vue, il n'en est pas une qui
» te soit chère plus que tout le reste, lorsque
» l'immensité enlevant ton ame vers de subli-
» mes régions, tu sens que tu tiens encore à
» la terre, mais qu'elle est glacée, et que dans
» ta poitrine aucun autre cœur ne bat que le
» tien, alors, dis-moi, bien-aimé, verses-tu des
» larmes amères?

» Charles, souvent je compte, aux jours de
» ma naissance, les années déjà passées de ma
» vie, ces plumes arrachées à l'aile immense du
» temps, et je pense à ma jeunesse qui s'est en-
» fuie... alors, j'étends bien loin la main vers

» un ami qui prenne place à mon côté dans la
» barque de Caron où nous naissons tous, pour
» voir avec moi les âges de la vie s'enfuyant vers
» le port, couvert de feuilles, de fleurs et de
» fruits, et le long fleuve des hommes entraî-
» nant avec lui des berceaux et des cercueils.

» Ah! ce n'est pas le port qui nous fuit,
» mais nous qui fuyons le port; les saisons de
» la vie fleurissent également dans les jardins
» du rivage, soit en aval, soit en amont, mais
» nous, insensés, nous dépassons les jardins
» et nous ne retournons point sur nos pas.

» Mais l'ami reste avec nous. Oh! si à cette
» heure des bouffonneries de la mort, tu re-
» gardes notre pâle souverain étendu dans sa
» tombe, pourrais-tu ne pas songer à ce vieil ami
» à cheveux gris qui, couché dans le Tartare.
» le pleure dans sa solitude? Et ton cœur ne
» s'ouvrira-t-il pas, appelant un autre cœur,
» et ne diras-tu pas : Je veux aimer, puis
» mourir, puis aimer encore : ô Dieu puissant,
» montre-moi une ame qui ait soif d'amour
» comme la mienne!...

» Si tu dis cela, si tu es comme cela, viens
» sur mon cœur, car je suis comme toi. Sai-
» sis ma main et garde-la jusqu'à ce qu'elle soit
» flétrie. J'ai vu ton visage aujourd'hui, il

« porte les cicatrices des blessures qu'y a faites
« la vie; viens à moi, je lutterai avec toi,
« mon sang coulera avec le tien... Je t'ai aimé
« et cherché de bonne heure. Comme deux
« fleuves, nous nous réunirons, nous croîtrons
« ensemble et nous nous tarirons ensemble...
« Va, cesse de sourire avec tant d'amertume
« parce que les hommes sont des feux-follets...
« nous brûlerons et nous finirons comme eux à
« travers la tempête des temps... et lorsque
« les temps ne seront plus, nous nous retrou-
« verons comme aujourd'hui, et ce sera en-
« core un printemps.

» Albano de Césara. »

CYCLE XLVIII.

Qu'il est beau, avant que les artères de l'homme intérieur ne soient, comme celles du vieillard, devenues des cartilages desséchés, avant que le cœur moral ne batte plus comme l'autre cœur que soixante pulsations par minute ; qu'il est beau, dis-je, de voir un jeune homme comme Albano marcher dans la vie d'un pas ferme et droit!... De le voir chercher avec franchise l'ami et l'ennemi, pour aimer l'un, pour combattre l'autre.

Qu'on excuse donc l'épître si chaleureuse d'Albano!... — Le lendemain il reçut de Roquairol la réponse suivante :

« Je suis comme toi. Le soir de l'Ascension je te chercherai parmi les masques.

» Charles. »

Le rouge monta à la figure du comte en voyant ce retard imposé aux effusions de l'amitié... Il pensait, lui, qu'il se fût empressé de courir dans des bras qui lui étaient si affectueusement ouverts, sans laisser s'écouler un intervalle de cinq jours. Il se promit bien aussi de ne plus faire un pas au-devant de Charles, mais de l'attendre. Peu à peu cependant sa mauvaise humeur disparut, et il finit par trouver plusieurs raisons qui justifiaient pleinement son ami.

Mais il lui sembla qu'il avait mal agi avec son autre ami Schoppe; qu'il n'était pas bien de chercher un autre ami, lorsque déjà on en possédait un. Tu te trompes, Albano, l'amitié a des degrés qui conduisent au trône de Dieu, depuis l'esprit inférieur jusqu'à l'intelligence infinie; l'amour seul est rassasiable, et, comme la vérité, il n'a point les trois degrés de comparaison : un seul être remplit le cœur. D'ailleurs, Albano et Schoppe, par suite d'une constante opposition d'idées et d'une parfaite parité d'orgueil, s'aimaient plus dans le fond qu'ils ne paraissaient le faire

Le soir qui précéda le jour de naissance d'Albano, qui était en même temps celui du couronnement de Luigi, notre jeune comte était assis devant sa fenêtre et pesait en lui-même toute sa vie passée. Car un dernier jour est plus solennel qu'un premier ; le 31 décembre j'ai à compter trois cent soixante-cinq jours et leur emploi ; le premier janvier, j'ai devant moi tout un avenir et plus de passé.

Ce beau moment fut troublé par l'arrivée de Malz, qui vint annoncer que le monsieur boiteux s'était jeté à l'eau. Par la fenêtre du toit on voyait des débris de la procession funèbre, rassemblés sur le rivage où Schoppe venait de se précipiter dans les flots. Avec une brusquerie effrayante (car chez Albano la colère était proche voisine de l'effroi ou de la douleur), il emmena le docteur Sphex qui cherchait, mais en vain, à décider Césara à le laisser prendre ses instrumens, ou au moins les remèdes destinés aux asphyxiés ; peut-être bien aussi le docteur espérait-il par ces retards rendre le bibliothécaire digne de figurer sur sa table à disséquer, comme un hommage fait à la science.

Le jeune homme le tenait par la main et le faisait courir avec une rapidité merveilleuse. Enfin, non-seulement ils aperçurent le bibliothécaire, mais ils purent encore l'entendre. Il était dans l'eau, la tête tournée de leur côté, et, pendant qu'il haranguait les membres du cortége, son bras velu reposait majestueusement sur des groupes de roseaux.

Voici le fait.

Il avait pour habitude de se baigner à l'eau froide été et hiver. Or, il s'était déshabillé au logis, et, couvert seulement d'un manteau de hussard qui lui servait de robe de chambre dans la maison, les souliers en pantoufles, il avait pris tranquillement le chemin du rivage. Mais les gens en deuil, qui virent un homme arrivant à grands pas, puis jetant ses habits loin de lui et sautant dans l'eau, crurent et c'est bien pardonnable, qu'un suicide était commis. — Ne vous noyez pas, lui criait la troupe de loin. Il les laissa approcher afin de pouvoir les entretenir de plus près, puis il leur parla ainsi :

« Je suis homme à entendre raison quoi-
» que je sois dans l'eau; mais laissez-vous per-
» suader, chers et fidèles Kerstènes, car c'est
» ainsi qu'on appelait les chrétiens du temps

» de Charles. Je suis un pauvre diable qui
» sais à peine de quoi j'ai vécu jusqu'ici, tant
» c'était peu de chose. Tout ce que j'ai entre-
» pris a tourné mal. J'établis à Vienne un joli
» magasin de fiente de bécasses ; mais je ne
» pus réussir faute de bécasses. Je changeai
» de métier, et j'allai à Caresbad, où je mon-
» tai une maison destinée à loger les grands
» seigneurs qui, d'ordinaire, mettent des
» gravures sur leurs fauteuils et sur leurs
» moindres meubles ; pour les servir selon
» leur goût, je fis faire de jolies gravures des-
» tinées pour certain petit cabinet, afin qu'ils
» y trouvassent l'agréable joint à l'utile ; tout
» me resta sur le dos parce qu'on se plaignit
» qu'elles étaient trop sévères, et qu'elles man-
» quaient d'imagination. A Londres je fis des
» discours à l'avance, car je suis un savant,
» pour les hommes qui doivent être pendus,
» et qui cependant veulent encore dire quel-
» que chose ; je les portai aux orateurs les
» plus riches du parlement, ainsi qu'aux co-
» quins de libraires ; mais je m'y pris si bien
» que je fus sur le point d'avoir besoin moi-
» même de mes discours. Je me proposai en-
» suite pour pupitre de musique dans un ré-
» giment qui appartenait à un comte, parce

» que je trouvais souverainement ridicule
» tous ces petits morceaux de carton appen-
» dus au dos du premier rang, à l'usage des
» musiciens du second; j'offrais pour un mor-
» ceau de pain de porter à moi tout seul le
» bagage musical du régiment, mais le pre-
» mier lieutenant (qui est tout à la fois dans
» le gouvernement ou dans la chambre) eût
» peur que les fifres ne se prissent à rire en
» soufflant, et l'affaire manqua. Voilà, mes
» chers Kerstènes, comment j'ai été traversé
» dans toutes mes entreprises..; mais, je vous
» en prie, ne vous promenez pas sur mon
» manteau... Pour comble de bonheur j'épou-
» sai une Viennoise, dotée avec de la cire à ca-
» cheter [1], et qui portait le nom de Prænu-
» merantia-Elementaria-Philantropia [2], (vous
» ne pouvez pas savoir ce que cela veut dire
» en allemand) véritable balai d'enfer qui m'a
» poussé dans ces roseaux comme un cerf
» forcé. Avant le mariage, Philantropia était

---

[1] Il y avait à Vienne un établissement dans lequel on faisait de nouvelle cire à cacheter avec les sceaux qu'on fondait; le produit servait à doter de pauvres jeunes filles.

[2] Tel était le nom ou plutôt les noms, que voulait donner Basedow à sa fille, en mémoire d'un ouvrage élémentaire qu'il avait publié par souscription. — *Prænumerare*, signifie souscrire.

» souple comme les barbes d'un jeune héris-
» son, mais après on ne pouvait la toucher sans
» se blesser. Ensuite elle était si long-temps à
» s'habiller qu'elle n'avait jamais fini qu'au
» moment de se déshabiller ; elle était fort
» avare, et je crois que si j'avais eu un cau-
» tère elle m'aurait reproché chaque jour le
» nouveau pois que j'y aurais mis. Bref, nous
» voulûmes nous séparer : j'enlevai la che-
» ville ouvrière de la charrette conjugale, et je
» suis venu dans l'eau avec les roues de devant,
» tandis que ma Prænumerantia est restée à la
» maison avec les roues de derrière. Voilà, mes-
» dames, la cause de mon acte de désespoir...
» D'ailleurs dans tous les cas, la phthisie n'au-
» rait pas manqué de faire haro sur ma per-
» sonne... Prenez exemple sur moi ; car, lors-
» qu'un savant, un surveillant, un professeur
» de mensonge du genre humain, se trouve forcé
» de renoncer à son Éphorie et à sa place de
» gouverneur, pour se jeter ensuite à l'eau à
» cause de sa femme, jugez de ce dont sont
» coupables vos maris, qui ne peuvent pas
» m'être comparés, si vous vous montrez pour
» eux des Prænumerantia, des Elementaria et
» des Philantropia, comme vous en avez tout
» l'air... Mais, ajouta-t-il brusquement en

» apercevant Albano et le docteur, passez vo-
» tre chemin, je veux me noyer ! »

— Ah ! mon cher Schoppe !... s'écria Albano.

Schoppe rougit en paraissant dans cette situation devant son ami. — Bah ! c'est un farceur !... dit le cortége lugubre en s'en allant.

— Qu'est-ce donc que cet enfantillage ? demanda Sphex, furieux de la vitesse avec laquelle il avait été forcé de courir, et cruellement désappointé en perdant l'autopsie d'un aussi beau corps. Le bibliothécaire vit là une nouvelle preuve de l'ardente amitié d'Albano, et il se promit mentalement, car il était trop honteux pour parler, de lui offrir un cœur digne du sien.

FIN DU PREMIER VOLUME.

www.ingramcontent.com/pod-product-compliance
Lightning Source LLC
Chambersburg PA
CBHW060639170426
43199CB00012B/1608